marina

A VIDA POR UMA CAUSA

marília de camargo césar

MC
mundocristão
São Paulo

Texto final, fotos e publicação autorizados pela biografada, Marina Silva.
Foto da página 1: Marina, à frente, no empate Bourdon.

Dados Internacionais de Catalogação na Publicação (CIP)
(Câmara Brasileira do Livro, SP, Brasil)

César, Marília de Camargo

Marina: a vida por uma causa / Marília de Camargo César. — São Paulo: Mundo Cristão, 2010.

ISBN 978-85-7325-627-7

1. Políticos — Brasil — Biografia 2. Silva, Marina, 1958 — I. Título.

10-04274 CDD-320.092

Índice para catálogo sistemático:
1. Políticos brasileiros: Biografia e obra 320.092
Categoria: Biografia

Publicado no Brasil com todos os direitos reservados por:
Editora Mundo Cristão
Rua Antônio Carlos Tacconi, 79, São Paulo, SP, Brasil, CEP 04810-020
Telefone: (11) 2127-4147
Home page: www.mundocristao.com.br

1ª edição: agosto de 2010

Para minhas filhas,
Marina e Luiza

Pois aqui está a minha vida.
Pronta para ser usada.
Vida que não se guarda
nem se esquiva, assustada.
Vida sempre a serviço
da vida
Para servir ao que vale
a pena e o preço do amor.
Ainda que o gesto me doa,
Não encolho a mão: avanço
Levando um ramo de sol.
Mesmo enrolada de pó,
Dentro da noite mais fria,
A vida que vai comigo
é fogo:
está sempre acesa
Vem da terra dos barrancos
O jeito doce e violento
Da minha vida: esse gosto
Da água negra transparente.
A vida vai no meu peito
mas é quem vai me levando:
tição ardente velando,
girassol na escuridão.
Carrego um grito que cresce
Cada vez mais na garganta,
Cravando seu travo triste
Na verdade do meu canto.
Canto molhado e barrento
De menino do Amazonas
Que viu a vida crescer

Nos centros da terra firme.
Que sabe a vinda da chuva
Pelo estremecer dos verdes
E sabe ler os recados
que chegam na asa do vento.
Mas sabe também o tempo
Da febre e o gosto da fome.
Nas águas da minha infância
Perdi o medo entre os rebojos
Por isso avanço cantando.

*A vida verdadeira**

* Thiago de MELLO, *Poemas preferidos pelo autor e seus leitores,* Rio de Janeiro: Bertrand Brasil, 2006, p. 97.

sumário

agradecimentos

Muitas pessoas me ajudaram a construir o retrato de uma das personagens políticas brasileiras mais inspiradoras de nosso tempo. Mas tudo ficaria muito mais difícil não fosse a tremenda paciência e colaboração de Jane Maria Vilas Boas, que conciliou a agenda da senadora à minha. Muito obrigada, Jane!

No Acre, agradeço aos guias Genésia Vasconcelos, Marcos Fernando Silva e Eudes Francisco Silva, pelos préstimos a uma paulistana desvairada e com pouquíssimo tempo para entrevistar tanta gente. Em Brasília, a Bazileu Margarido, Erlando Alves da Silva Melo e Terezinha Hezim, pela assessoria com documentos, fotografias e informações. Em São Paulo, a lista cresce. Pelo apoio moral, sugestões com o texto, orações ou simplesmente pelo carinho. Dentre esses, agradeço em especial a Célia de Gouvêa Franco, Célia Rosemblum, Celene Camargo Stierli, Cláudia Daré, Ed René Kivitz, Fernando Meirelles, Maria Cândida Vieira, Milton Camargo Cesar (meu pai), Paulo Totti e Robinson Borges.

Agradeço ao André, por proporcionar momentos de silêncio nos fins de semana em uma casa com crianças.

Quero lembrar também de minha mãe, Irene, que partiu sem poder ver este trabalho completado. Sua fala: "Filha, você vai conseguir" me encorajou nos momentos em que as coisas se tornaram muito difíceis.

Acima de tudo agradeço a Deus, pelo imenso privilégio que me concedeu de narrar esta história, e à senadora Marina Silva, cuja confiança me inspirou e estimulou ao longo dos últimos meses.

prefácio

Quando a Marina Silva começava a planejar sua campanha como candidata à Presidência do Brasil, tive a oportunidade de acompanhar algumas reuniões com grupos de pessoas envolvidas no processo.

Enquanto os temas eram discutidos, os participantes davam seus apartes e faziam suas intervenções, às vezes ao mesmo tempo, coisa natural em reuniões com muita gente. Chamou-me a atenção ver que por um longo tempo a Marina apenas acompanhava cada fala, em silêncio. Quando finalmente lhe era passada a palavra, com a elegância de uma boa escutadora, resumia os pontos centrais do que havia sido dito por cada um dos participantes, incluindo todos em suas considerações. Só então colocava sua visão sobre o tema, amarrando com bom senso toda a reunião.

O silêncio que criava ao falar era provocado por uma espécie de autoridade natural que ela tem. Por trás daquela figura discreta, há um mundo interior muito profundo, e de alguma maneira isso é percebido ou sentido por quem está ao redor. Marina é boa escutadora, conhece e respeita o peso das palavras e as usa com coerência, precisão e propósito. É como se ela houvesse passado por uma análise com bom terapeuta por muitos anos, tornando-se uma pessoa resolvida, que sabe para onde caminha e não se deslumbra com o que possa surgir pelo caminho.

Eu me perguntava de onde viria essa sua capacidade rara de escutar, refletir e elaborar o que é dito pelos outros. Creio que *Marina — A vida por uma causa,* de Marília de Camargo César, ajuda-nos a entender isso. O livro revela onde e como foi forjado esse espírito raro e tão desejável em lideranças políticas.

Ao ler este livro, o leitor se pergunta por onde ia o pensamento da pequena Marina, com seus 12 anos, ao caminhar em silêncio dezenas de quilômetros todos os dias, pelo meio da floresta, no seringal Bagaço, para retirar látex. Aquela menina vivia mergulhada num mundo sem muitas palavras, sem letras, mas rico em sons da natureza, onde cada sinal da mata tinha um significado, onde cada árvore tinha nome e onde a vida, em sua simplicidade, fazia sentido.

Imagino que, durante esses mergulhos diários em seu mundo interior, a introspecção passou a fazer parte de sua maneira de pensar e de ser. A capacidade de escutar e de sintetizar o que ouve, às vezes de forma prática e outras, poética, deve ter sido construída ali, enquanto caminhava e repassava mentalmente as histórias que ouvia. Sorte a nossa.

Enquanto as forças políticas que tocam o Brasil vivem às turras numa discussão estéril sobre quem está mais à direita ou à esquerda, ou quem é responsável por isso ou aquilo, e ainda pensam o país com os valores e os olhos do passado, focados em crescimento e expansão, como se isso ainda fosse sempre razoável e desejável, Marina está voltada para o amanhã. Vê a possibilidade de outro futuro, não só para o Brasil, mas para o mundo todo. Sabe que precisamos começar hoje a mudar alguns paradigmas de nossa vida, se queremos deixar algum planeta para nossos descendentes.

Ao compreender como poucos líderes a importância dessa guinada em nossa civilização, Marina mostra-se alinhada com o pensamento científico de ponta e representa o que de mais novo existe hoje no Brasil.

Fernando Meirelles
Cineasta

Cum enim infirmor, tunc potens sum.
[Quando sou fraco, então é que sou forte.]

Vulgata, 2Coríntios 12:10

introdução

porque tudo tem um começo

A língua começa a formigar poucos segundos após a primeira colherada. A folha de jambu, um tipo de verdura verde-escura de sabor exótico, tem esse poder de anestesiar a boca quase instantaneamente. Dizem que é medicinal e ótimo remédio para os pulmões.

O tacacá é essa sopa de origem paraense, feita de um caldo tirado da mandioca espremida, forrado de uma goma originada da mesma família da "macaxeira", temperada com pimenta-de-cheiro e decorada com pequenos camarões-rosa bem secos. É comida para valentes, mas nessa noite em que a lua está crescendo e uma brisa reconfortante sopra na Praça da Revolução, centro de Rio Branco, há também crianças e mulheres franzinas degustando a iguaria acriana.

Um homem vende brinquedos que podem ter saído da rua 25 de Março, no centro de São Paulo, ou talvez daqui de perto, de uma rua qualquer de quinquilharias bolivianas. A Bolívia, afinal, está logo ali, a duas horas de carro, e tanto lá quanto deste lado da fronteira compram-se os badulaques e muita droga "da boa" por cinco reais o papelote.

O homem vende pequenos ouriços de plástico que reluzem ao toque das mãos, feito anêmonas psicodélicas. Por dez reais, a criança também pode levar uma espécie de porquinho disforme que pula e projeta no escuro todas as cores do arco-íris. Mais adiante, um grupo de jovens toca tambores ritmados, parecendo ensaiar para alguma festa regional. Ou estão apenas se divertindo. Ao lado deles, outro grupo ensaia uma dança com longos mastros de bandeiras. As cores, os sons, os sabores dessa praça, tudo isso somado faz lembrar que esta é, afinal, a terra de Santo Daime; mas não é necessário ir tão longe para ter experiências sensoriais.

Com pouco tempo para tentar me aculturar a esse jeito acriano de viver, começo a contar a história dessa mulher que muitos definem como "síntese de um novo tempo". Maria Osmarina Marina da Silva Vaz de Lima, com um primeiro nome pelo qual apenas a mãe a tratava, é hoje a personagem mais ilustre do Estado do Acre, que para a maioria dos brasileiros é apenas sinônimo de fim de mundo.

Enquanto devoro o tacacá fumegante, sozinha aqui nesta praça, repasso na mente as muitas vozes que ouvi até agora e que estão me ajudando a compor a personagem. A responsabilidade é imensa, o tempo é curto, o desafio é tremendo.

O projeto deste livro sobre a vida de Marina Silva nasceu muito antes que ela deixasse o Partido dos Trabalhadores (PT), após trinta anos de ativa militância, para entrar no Partido Verde, convidada a assumir a pré-candidatura à Presidência da República. Sua filiação, no momento em que esta reportagem é escrita, está quente nas primeiras páginas de todos os grandes jornais diários do país, saudada por muitos analistas como potencialmente desestabilizadora de candidaturas clássicas. A revista *Veja*, de 2 de setembro de 2009, traz em seu editorial o título "Marina é uma boa notícia", e afirma:

> [...] por meio de sua campanha, ou motivados por ela, milhões de brasileiros poderão informar-se melhor sobre assuntos como a destruição das florestas, a poluição dos oceanos e, consequência disso tudo, o aquecimento global, ameaça maior à sobrevivência da espécie humana.

O *New York Times*, na edição de 29 de agosto, apresenta uma reportagem intitulada "Uma filha da Amazônia que mexeu com a política de um país", na qual afirma que sua pré-candidatura "abala" o atual cenário eleitoral brasileiro.

Mas foi em 2008, quando ainda era ministra do Meio Ambiente, que a Editora Mundo Cristão decidiu sondá-la a respeito de um livro sobre sua vida. A visita do presidente da editora, Mark Carpenter, e do gerente editorial, Renato Fleischner, aconteceu em maio daquele ano e, a princípio, a ministra hesitou diante do convite. Ela tinha dúvidas se não seria jovem demais para ter uma biografia. Discreta, temia a exposição que um livro assim poderia significar. Marina, contudo, interessou-se pelo projeto por ser a editora conhecida por suas respeitadas publicações na área de espiritualidade cristã. Viu, ali, uma oportunidade de falar de sua fé.

Quando nos encontramos pela primeira vez era uma esplendorosa manhã de outono, em seu apartamento funcional, em Brasília. Marina Silva já havia saído do ministério e guardava, em silêncio, as dores de sua retirada. Fui a Brasília, a convite da editora, para apresentar algumas ideias e tentar convencê-la a aceitar o convite feito pelos editores. O esboço do projeto mostrava que o livro seria uma reportagem biográfica, sem grandes pretensões de encerrar o assunto, pelas limitações óbvias, e que traria o presente (sua atuação política no Meio Ambiente, incluindo a posição de seus críticos e inimigos), o passado (sua história familiar e trajetória pessoal) e uma visão de futuro (os planos dali em diante).

A então senadora pareceu gostar da expressão "sem grandes pretensões", pelo caráter de simplicidade que sempre lhe é tão caro, e "reportagem", pela noção de um recorte no tempo (e não uma biografia), sujeito a revisões.

Embora parecesse quase convencida a aceitar a proposta, Marina comentou que já recusara alguns convites desse tipo. Não apenas de livros biográficos, mas também de filmes e documentários sobre sua vida. Por trás dessas negativas, ela guardava uma cautela, um cuidado com o tipo de mensagem que uma obra desse tipo poderia transmitir. Ela não queria parecer pretensiosa. Não queria ser impropriamente enaltecida ou usar um livro para se autopromover.

Citou, naquele dia, o caso de Barack Obama, então recém-escolhido candidato do partido democrata para concorrer às eleições dos Estados Unidos. *De repente, você olha e vê um monte de livros sobre ele e nem sabe mais qual é o bom, onde há verdades, onde há mentiras. A vida das pessoas vira um produto, e não sei se gosto muito disso.** A senadora não estava disposta a entrar nessa corrente.

Uma professora americana já havia escrito uma pequena biografia não autorizada sobre Marina, para a Universidade Columbia, e a biografada não gostou nada do resultado. A autora a havia transformado numa super-heroína,

* A fala de Marina Silva será grafada em *itálico*, ao longo de todo o livro, a fim de destacá-la das demais. (N. do E.)

coisa que os americanos sabem fazer tão bem. *Sempre me guardei disso. Quando se está na vida pública, é preciso ter cuidado com essas coisas. Além do quê, acho que ainda sou muito jovem para ter uma biografia.*

Mas, diante dos novos argumentos, ela reconsiderou. Precisava, entretanto, ouvir a opinião de outra pessoa. Uma voz que costuma consultar nas mais variadas ocasiões. A senadora queria saber o que Deus pensava a respeito do projeto. Fiquei surpresa com a colocação dela. Não poderia imaginar por que Deus desaprovaria um livro sobre a vida de Marina Silva.

Mas ela queria ter certeza.

Levantou-se do sofá e foi buscar uma Bíblia. Abriu-a num gesto que o escritor Dallas Willard apelidou de "roleta bíblica" (escolha aleatória de versículos visando a obter orientação), e encontrou o salmo de número nove. Começou a ler o texto em que o rei Davi afirma: "Eu te louvarei, Senhor, de todo o meu coração; *contarei* todas as tuas maravilhas" (grifo da autora).

Nesse salmo, o rei hebreu relata como seus inimigos foram sendo derrotados, como Deus havia sustentado seu direito perante os detratores, como os havia julgado e condenado e como a justiça do rei, depois de aparentes derrocadas, havia finalmente prevalecido.

Perguntei à senadora se ela, ao ler aquele texto, entendia tratar-se de um recado pessoal de Deus para ela. Na ocasião, Marina acabara de pedir demissão do Ministério do Meio Ambiente, em meio a muitas pressões. Ela respondeu afirmativamente. Sua aparente derrota deveria ser compreendida de outra maneira.

Também entendeu o salmo como confirmação divina ao projeto do livro. Ela repetiu as palavras do texto, interpretando-as: "*Contarei as suas maravilhas" fala sobre narrar, sobre divulgar como Deus é glorificado em nossas experiências pessoais.*

Alguns meses se passaram entre essa conversa com a senadora e o início efetivo deste projeto. Então, no segundo semestre de 2009, iniciei as entrevistas com amigos, parentes, colegas de trabalho, críticos, ambientalistas e, claro, com a senadora Marina, cujos depoimentos comporiam o teor desta obra. Por falta de tempo, algumas pessoas próximas da senadora não puderam ser ouvidas, mas creio estarem representadas as vozes de maior eco em sua vida.

Durante o desenrolar deste projeto, surgiu o grande fato político do ano de 2009: o convite do Partido Verde à senadora para que se tornasse sua pré-candidata à Presidência. Esse novo cenário poderia complicar o andamento do livro, pois se já era difícil conseguir um espaço na agenda de Marina, o que não seria ao entrar ela numa campanha. Foi preciso acelerar o trabalho.

Embora o projeto editorial ganhasse força com a novidade, é preciso reconhecer que uma vida desse quilate independe de candidaturas ou cargos. "Ela não tem apego a cargos; pode ser o que quiser; ela é maior que cargos", disse Arnóbio Marques, governador do Acre, amigo de juventude que com ela incendiou o movimento estudantil em Rio Branco e construiu, no Estado, um dos pontos de convergência mais fortes do PT.

Num artigo para o *site* Portal Ecodebate, Leonardo Boff comentou:

> Erram os que pensam que a saída da senadora Marina Silva do PT obedece a propósitos oportunistas de uma eventual candidatura à Presidência da República. Marina Silva saiu porque possuía outro olhar sobre o Brasil, sobre o PAC (Programa de Aceleração do Crescimento) do governo, que identifica desenvolvimento com crescimento meramente material e com maior capacidade de consumo. O novo olhar, adequado à crescente consciência da humanidade e à altura da crise atual, exige uma equação diferente entre ecologia e economia, uma redefinição de nossa presença no planeta e um cuidado consciente sobre o nosso futuro comum. Para essas coisas a direção atual do PT é cega. Não apenas não vê. É que não tem olhos. O que é pior.[1]

Uma narrativa marcante sobre a senadora foi a de um seringueiro, amigo seu de lutas políticas no Acre. Marina contou que o amigo fora procurado por jornalistas de todo canto do país depois que um líder sindical dera uma entrevista a Jô Soares sobre um trabalho social que propiciava melhorias na vida dos pobres, no interior do Estado. Os repórteres foram procurá-lo, querendo também entrevistar Marina Silva, que já era senadora. O seringueiro, um sujeito simples, respondia aos repórteres: "Mas por que vocês querem entrevistar a Marina? Eu conheço ela. Ela não é importante, não!".

Ela tomou aquela definição como um mote. Não se considerar importante, não se apegar aos lampejos da fama, dar de ombros para aqueles que esperam que ela seja uma santa ou uma fada da floresta. A mulher que o jornal inglês *The Guardian* classificou como uma das personalidades capaz de ajudar a salvar o planeta prefere qualificar-se de forma diferente. Sua ambição é continuar sendo apenas uma pessoa autêntica, coerente, sem os cacoetes do poder. Ter liberdade para defender uma visão de mundo alternativa e, de preferência, sem ter uma noção muito clara da própria relevância, o que para muitos chega a ser uma blasfêmia. Acima de tudo, seu desejo é ter a liberdade de orar e buscar ouvir a voz do Deus da Bíblia, sem, por isso, ser tachada de fundamentalista. Como fez naquela manhã iluminada, ali bem perto de onde fica o Senado da República do Brasil.

Rio Branco, 1º de setembro de 2009.

prólogo

a festa

Ela despertou de madrugada e começou a chorar. Era uma dor tão forte no peito que o choro não cessava; tanta dor, tanta dor. Alguns episódios voltaram-lhe à mente, e o rosto de pessoas que estiveram a seu lado nos últimos trinta anos desfilaram, sorrindo, como num filme. Como seria agora sem esses amigos por perto? Sem o apoio, os conselhos? Companheiros com quem dividiu praticamente tudo — teto, roupas, alimento, perdas e esperanças — ao longo de três décadas. Quem seriam as pessoas que a vida traria para substituí-los? Sentia-se só e um tanto insegura.

Era como um barco à vela que se lança ousadamente ao alto-mar, à espera dos ventos. Sem saber ao certo se virão, mas crendo que sim; eles virão, eles virão.

Chorou durante duas ou três horas naquele quarto de hotel. Às cinco da manhã, sua filha, ouvindo de longe seu lamento, levantou e foi até ela: "Mamãe, estou preocupada com você; você está tão triste!".

Num instante, uma frase lhe veio à memória, e Marina correu para o computador. Queria escrever para não esquecer. Era Guimarães Rosa, um trecho tirado de um conto. Checou pelo Google cada palavra. Anotou-as. Depois escreveu à mão uma das confissões de Santo Agostinho, que também lhe ocorrera minutos antes. As metáforas ajudam-na desde sempre a elaborar a tristeza, e a poesia é uma forma de escape, de aliviar as dores de um viver sobrecarregado.

Depois de escrever e sintetizar as emoções naquelas sentenças, fez uma oração silenciosa. Então, levantou-se, foi tomar um banho e arrumar-se para sair. Em algumas horas, num *buffet* sofisticado de São Paulo, uma grande festa a esperava.

Cercada de seguranças, chegou ao salão onde a aguardavam 1500 pessoas. O hino nacional acabara de ser tocado. Aplaudiam-na de pé, assobiavam e gritavam em coro: "Brasil, urgente, Marina presidente!". No cenário, ao fundo da mesa de autoridades, três *banners* enormes, nas cores verde, amarelo e azul, exibiam seu retrato estilizado. Era dia 30 de agosto de 2009.

Percorreu o salão com os olhos e percebeu que os novos amigos também não estavam presentes. Empresários e lideranças do movimento socioambiental que a incentivaram a aceitar o convite do Partido Verde (PV) já haviam comunicado que não compareceriam, por não pretenderem filiar-se ao partido. Percebeu, então, que era mesmo a hora da verdade: estava sozinha diante de uma multidão de estranhos. A partir dali, ela seria a Marina Silva do PV, e não mais do PT.

"Não venho mais com a ilusão dos partidos perfeitos que acalentei durante a minha juventude, mas venho com a certeza de que homens e mulheres de bem podem aperfeiçoar as instituições, e de que as instituições também aperfeiçoam homens e mulheres de bem", foi uma das palavras iniciais de um discurso de 35 minutos, durante o qual foi interrompida nove vezes por uma multidão de aplausos.

Mencionou quão difícil fora deixar o Partido dos Trabalhadores, onde militara durante praticamente toda sua trajetória política. Observou que o desenvolvimento sustentável no Brasil e no mundo dependia da criação de uma cultura de sustentabilidade em todas as dimensões: econômica, social, cultural, política, estética e ética.

> Não há como fazer a mudança que precisamos fazer, com a magnitude que precisa ser feita, sem que haja uma forte base social, um grande acordo social que viabilize a sustentabilidade política para esse novo fazer. Um novo fazer que não pode mais ser remetido para o amanhã. É um novo fazer que tem de começar agora; nós não temos o direito de adiar essa responsabilidade e esse compromisso.

Vestida elegantemente numa camisa preta e branca de seda, estampada, saia preta, colar de sementes e cabelos presos, falando de improviso, Marina emocionou-se algumas vezes, mas conteve as lágrimas e não chorou.

> Comecei um processo doloroso de conversas com meus companheiros do PT e me expus aos seus argumentos porque tenho a clareza de que tudo o que fizemos juntos deve ser preservado no melhor lugar da nossa casa comum, que é este planeta Terra. Mas, durante esses diálogos, eu ouvia das pessoas: "Por que você não permanece e vamos fazer esse embate dentro do PT, para convencer o PT de que a questão da sustentabilidade deve ser estratégica?".
>
> Percebi então que não se tratava mais de continuar a fazer um embate para convencer daquilo que o mundo inteiro já está convencido. Tratava-se de fazer um encontro com aqueles que já estão convencidos e que se dispõem a fazer o convencimento de outras pessoas, inclusive de outros partidos. [...]
>
> Minha geração ajudou a redemocratizar o país porque tínhamos mantenedores de utopia. Gente como Chico Mendes, Florestan Fernandes, Paulo Freire, Luiz Inácio Lula da Silva, Fernando Henrique Cardoso que sustentava nossos sonhos e servia de referência. Agora, aos 51 anos, quero fazer o que eles fizeram por mim. Quero ser mantenedora de utopias e mobilizar as pessoas.
>
> Não há mais espaço para a velha política de fazer as coisas pelas pessoas. É preciso fazer as coisas *com* as pessoas. Há uma mudança de paradigma, e essa mudança tem de ser internalizada por todos. O que significa isso? Significa responder à interpelação ética que está diante de nós.

Nesse momento, já bastante sensibilizada pela receptividade do público, Marina afirmou que gostaria de fazer "uma homenagem" a seu passado. Foi a deixa para declamar o poeta que lhe ocorrera na madrugada de pranto.

> Existe uma frase de Guimarães Rosa, tirada do conto *Nenhum, nenhuma,* que é assim: "Será que você seria capaz de se esquecer de mim, e, assim mesmo, depois e depois, sem saber, sem querer, continuar gostando? Como é que a gente sabe?". Essa é a homenagem que eu faço para o meu passado, porque vou continuar gostando e gostando, sem querer, sem saber, de todas aquelas pessoas que construíram comigo a história. Mas, Gabeira, Sirkis, quero homenagear também esta nova casa que me acolhe; estou me dispondo, junto com vocês, a fazer as mudanças.

Ao citar as lideranças do novo partido a que se filiava, Marina Silva acrescentou que aos verdes também reservara uma homenagem, usando palavras de outro autor importante para sua formação ética: Santo Agostinho.

> Esta é a homenagem que quero fazer aos verdes: "Tarde vos amei, beleza tão antiga e tão nova, tarde vos amei, é que estáveis dentro de mim, e eu estava fora de mim".

A multidão ovacionou-a, e as câmeras capturaram várias imagens de personalidades enxugando as lágrimas na plateia.

Marina, entretanto, parecia alegre. Tinha conseguido fazer a ruptura oficial com seu passado político, diante do público. E sem chorar.

No final, declamou uma poesia de autoria própria, que, segundo ela, resumia bem o espírito de alternância que ela acredita deva nortear todos os líderes. Brincou, antes de começar, que os assessores provavelmente não aguentavam mais ouvir aquelas estrofes, tantas vezes já as havia declamado:

Do arco que empurra a flecha
quero a força que dispara;
da flecha que penetra o alvo
quero a mira que o acerta.

Do alvo mirado
quero o que se fez desejado;
do desejo que busca o alvo
quero o amor por razão.

Só assim não terei armas,
só assim não farei guerras,
e assim fará sentido
meu passar por esta terra.

Sou o arco, sou a flecha;
sou o todo em metades;
sou as partes que se mesclam
nos propósitos e nas vontades.

Sou o arco por primeiro;
sou a flecha por segundo;
sou a flecha por primeiro;
sou o arco por segundo.

Buscai o melhor de mim
e terás o melhor de mim,
darei o melhor de mim
onde precisar o mundo.

E foi assim, sorridente e firme, que se despediu de uma multidão extasiada. Estava oficialmente fora do partido que ajudou a fundar e no qual construíra uma vida de batalhas sociais e uma identidade política.

Foi uma das decisões mais difíceis que já tomou.

Ora, mas não é certo que toda vida brota de um rompimento, uma separação?

É, pois, com outra frase de ruptura que tem início esta narrativa.

capítulo 1

a menina

Pai, quero ir pra cidade. Quero me tratar. Quero estudar.

Para ter coragem de pronunciar essas palavras, Marina rezou durante um mês. Ela estava doente, muito doente. "É malária de novo", pensou a avó, já acostumada com a doença. Marina — cinco vezes vítima da malária — tomou mais uma vez os comprimidos que o guarda da malária deixava regularmente no seringal.

Ocorre que, dessa vez, não era a danada. O remédio que atinge o protozoário da doença causa grande estrago no fígado e, para piorar, o que a menina tinha era hepatite. Ela recorda:

Fiquei muito mal. O abdome inchava; não podia comer castanha, feijão, farinha. Coisa terrível! Fui ficando impotente. Fui ficando muito triste. Diziam que eu estava com tristeza, o que hoje chamamos de depressão. Foram dois anos assim. Até que criei coragem e pedi a meu pai. Eu queria ir para a cidade cuidar da minha saúde. Sabia que ia morrer se não fizesse isso.

Tinha 16 anos.

Não fosse o abatimento causado pela doença e o desejo de estudar, provavelmente teria se mantido em condição semelhante à dos irmãos, sete no total. Antes, eram dez. Três morreram pequenos, Valceli, o primogênito, com três dias de vida. Deuzilene, com pouco mais de um ano, e Rosilene, com seis meses, ambas vítimas de malária, com intervalo de oito dias entre os dois falecimentos.

Um surto da enfermidade que matara os irmãos e outros parentes veio a reboque da abertura de um trecho da BR-364, no começo dos anos 1970, rodovia que liga Mato Grosso ao Acre, passando por Rondônia, ainda não totalmente asfaltada. Não por acaso, a futura ministra do Meio Ambiente se levantaria contra as grandes obras e estradas realizadas sem análise de impacto ambiental. Ela é testemunha do prejuízo que podem provocar aos habitantes locais. No caso da 364, foi um surto de malária e de sarampo, que ceifou centenas de vidas.

O único irmão chama-se Antônio Arleir. É motorista de ônibus em Rio Branco. As seis mulheres, Maria Deuzimar, Maria Lúcia, Maria Aurilene, Maria de Jesus, Maria Elizete e Maria do Socorro, são donas de casa na periferia da capital ou agricultoras. Todos, à exceção de Marina e Maria do Socorro, foram precariamente alfabetizados por parentes, nos tempos do seringal. Cegos guiando cegos. "Era assim: os que 'num sabe' ensinando os que nunca 'soube'", ironiza o pai deles todos, Pedro Augusto da Silva.

Pois na floresta onde nasceu Maria Osmarina da Silva nunca houve escola, nem igreja, nem professores formais. No Seringal Bagaço, a 70 quilômetros de Rio Branco — onde Marina veio ao mundo, num casebre de paxiúba coberta de palha, pelas mãos da avó paterna, Júlia da Silva, no dia 8 de fevereiro de 1958 —, quase todos eram analfabetos.

Os números, ali, tinham, de longe, maior importância que as letras. Ninguém, senão o pai, que tinha o curso primário incompleto, sabia ler e escrever. Os filhos, porém, cedo tiveram de aprender matemática. Questão de sobrevivência. No seringal, era comum o patrão enganar os produtores na hora do pagamento, calculando o percentual de umidade no látex acima de 17%, que era o estabelecido. Assim, para não serem ludibriados, os meninos, que também ajudavam no corte da seringa, sabiam calcular 17% de tudo e, com isso, foram desenvolvendo o raciocínio abstrato em ambiente de rústica poesia.

Poesia, em termos, obviamente. Viver correndo com os pés descalços e os cabelos soltos, aprender desde cedo a "ler os recados que chegam na asa do vento", brincar livremente pela roça de milho e chamar macacos e graúnas de amigos era pertencer a uma natureza densa e ameaçadora como se tudo aquilo fosse trivial. Mas que poesia poderia haver na miséria comum aos seringueiros do Acre naqueles anos 1960? Na escassez e no desconforto de uma vida amontoada de gente dormindo enfileirada em redes de algodão?

Poesia nenhuma nas doenças sem cura, nas picadas de cobra, na exploração dos despossuídos pelos economicamente mais fortes, na falta de perspectivas.

Poesia nenhuma em viver num lugar onde as contas se acertavam na peixeira. Num fim de mundo de trabalho semiescravo, onde quase tudo faltava, menos a comida que vinha da roça e da caça, o verde da mata e a água da chuva. Onde, aos olhos daquela pequena menina, o universo era simples e vigoroso.

Parte importante desse cenário tribal e primitivo era a contação de histórias. Pode-se afirmar sem medo que vem daí a capacitação oratória de Marina, que é "PhD" em literatura de cordel. Ela cresceu e ia dormir ao som dos causos contados pelos tios, pela avó, Júlia, a quem amava com amor singular, ou pelo pai. Eram todos exímios narradores do folclore acriano e de suas lendas. Fiéis praticantes do cordel, eles passaram a tradição adiante.

Sinto-me muito privilegiada por isso. Fui uma criança que brincava com outras crianças quando queria, mas quando não queria mais brincar eu ia para a sabedoria dos velhinhos, meus tios e avós. E aí, cada um contava uma história, um causo, e se revezavam para responder minhas perguntas.

Uma dessas lendas era a do caboclinho da floresta, uma entidade mitológica que chicoteava com um cipó de fogo na ponta todo aquele que caçasse um animal sem antes terminar de comer o outro. As pessoas temiam apanhar do caboclinho e não transgrediam aquele código de sustentabilidade da mata — implantado, sem exigências legais ou ambientais, uns duzentos anos antes. Quem extrapolasse ficava panema, com azar. Demorava para conseguir caça. Se matasse bicho prenhe ou animal amamentando, então, levava mais chicotada.

Hoje traduzo isso como um código mítico que funcionava. Não tinha como burlá-lo, porque eram entidades invisíveis, com poderes sobrenaturais. Não era como se esconder do fiscal do Ibama [Instituto Nacional do Meio Ambiente e Recursos Naturais Renováveis]. A entidade tudo via. E castigava.

Dessa forma, com uma legislação ambiental fundamentada no folclore, os povos da floresta conviveram por séculos com abundância de caça, numa sociedade sem desperdícios.

Embora não houvesse escola, nem padre, havia mestres da oratória e até um livro sagrado. Era uma espécie de catecismo para analfabetos, em papel couché, recheado de lindas ilustrações das narrativas cristãs. Por meio desse livro sem palavras, Marina foi evangelizada, aprendendo as principais histórias das Escrituras, pela boca da avó, a quem tanto amava.

Dona Júlia ia mostrando com os dedos as figuras e contava como Deus tinha criado, em seis dias, tudo o que existia; como o primeiro casal havia desobedecido ao Criador e sido, por isso, expulso do jardim. Ela apontava para os desenhos de Michelângelo e Da Vinci e explicava como Jesus Cristo viera ao mundo por intermédio da virgem Maria para salvar o homem de seus tropeços. Mostrava Jesus sendo batizado, Jesus multiplicando os pães, curando cegos, coxos e leprosos. Uma das páginas trazia a figura das redes de Pedro, abarrotadas de peixes, episódio conhecido pelos cristãos como a pesca maravilhosa.

Minha avó deu-me uma noção clara do que era o cristianismo. Até hoje, tento encontrar pela internet esse catecismo que ela trouxe do Ceará, naquela época. Foi assim que passei a ter uma visão do que significavam o Natal, a Semana Santa... Na Semana Santa, não se comia carne nem nada que tivesse açúcar. Minha avó fazia mungunzá sem açúcar, arroz-doce sem açúcar. Deve ser uma tradição vinda do Ceará.

Os rudimentos do cristianismo, portanto, foram incutidos oralmente, e tiveram na menina um impacto fortíssimo: não demoraram a despertá-la para uma carreira missionária. Queria tornar-se freira. Mas a avó avisava: "Minha filha, freira não pode ser analfabeta, não tem freira analfabeta".

Aos cinco anos de idade, já conhecia de cor muitas das rezas católicas: o Pai-Nosso, a Ave-Maria, o Credo e o Ato de Contrição. Quando a avó avisou-lhe que era preciso confessar pecados, Osmarina quis saber como é que se fazia isso e para quem. Logo a avó ajustava o discurso, lembrando que, no meio do seringal, padre era um elemento faltante e que, pensando bem, criança não tinha pecado. A avó ensinou-lhe que, se fizesse algo errado, que se acertasse direto com Deus, numa atitude inadvertidamente protestante para uma católica devota.

Todas as noites, antes de dormir, dona Júlia abençoava a neta preferida com uma oração. Rezava para que Deus a guardasse, e a toda a família. E terminava sempre com o mesmo pedido: que o Senhor concedesse à menina inteligência para o bem.

Quando lembra essa oração, repetida diariamente ao longo de muitos anos, Marina Silva emociona-se bastante. E, enquanto limpa as lágrimas que lhe escorrem pelo rosto, ela diz: *Quando me lembro dessas coisas... Isso tudo é muito forte.*

É como se aquelas orações, de certa forma, tivessem aplainado o longo caminho que estava por vir.

Rezar para que Deus concedesse inteligência à neta não era um gesto banal, recitado. Havia razões para isso. Desde que Marina fora morar com dona Júlia, por desejo próprio, o convívio com tia Matilde se intensificara. Matilde, que nessa época tinha uns 25 anos, sofre de uma deficiência mental, e a avó possivelmente temesse que a convivência viesse a exercer influência negativa sobre a neta.

Sofia, a avó do lado materno, enfezara-se muito quando soubera que Marina fora morar do outro lado do seringal. "Essa menina vai ficar burra", profetizava. "Vai ficar abestada feito Matilde". Dizia que Marina já tinha os mesmos "mungangos" da tia, os trejeitos. Possivelmente, dona Júlia rezava na tentativa de produzir um antídoto contra aquele "mau agouro": "Dê a ela, Senhor, inteligência para o bem". Rosário na mão, ela fazia essa prece ao lado da rede da menina e depois ia rezar, na varanda, cinco pai-nossos e cinquenta ave-marias. Todas as noites. Enfim, também adormecia na rede.

O forte apego à avó Júlia impelira Marina, com apenas cinco anos de idade, a pedir para ir morar com ela. **Foi sua primeira ruptura**. Mas a casa dos pais não ficava distante, e ela os visitava diariamente.

Meus mimos era minha avó quem os fazia. A única boneca comprada de um marreteiro no seringal era a minha. Chamava-se Inglesinha e era mais bonita que a Barbie. Loira, de olhos claros, cintura fina, uma verdadeira praticinha. Minha avó deu não sei quantas galinhas por essa boneca. Além de uma coleção de doze bonecas de pano, costuradas por ela, tinha ainda a Inglesinha.

Marina também acreditava que morar com a avó seria um favor que faria aos pais, aliviando-lhes o fardo, já que tinham tantos filhos para criar. No entanto, a pequena não foi dada de bandeja. A família materna a disputava com a paterna e, em meio a essa competição, Marina amadurecia.

Dizem que crianças criadas pelos avós ficam mimadas, e ao menos um amigo garante que ela é, sim, uma pessoa mimada. "É a única pobre mimada que conheço", brinca Arnóbio Marques, mais conhecido por Binho, que a conhece há uns "duzentos anos". "Tem sempre alguém em volta dela, paparicando, segurando sua lancheira ou sua Bíblia", ironiza.

Na batalha para conquistar o amor da filha, a mãe, Maria Augusta, valeu-se de uma tática comovente: construiu uma cama para ela dormir. Numa casa onde todos dormiam em redes, apenas a filha mais velha, Deuzimar, gozava do privilégio de ter uma cama. Era um luxo. Maria Augusta partiu para o contra-ataque. Hábil no manejo dos recursos naturais, boa de costura e artesã nata, cortou a madeira, talhou-a, pregou-a, colheu o capim mais macio que encontrou para forrar um colchão feito de chita e juntou algodão de samaúma para fazer o travesseiro mais fofinho da Amazônia.

Fez um investimento alto para que eu quisesse ficar em casa. Mas não tinha nada que me demovesse de minha posição. Queria ir morar com minha avó.

Passou a ser, a partir de então, uma menina no meio dos velhinhos. *Um parlamento de sabedoria.*

Dentre os bons contadores de histórias, havia o primo de seu pai, tio Pedro Mendes da Silva, que também morou por ali durante alguns anos. Pedro era xamã. Vivera muitos anos com uma tribo de índios, em Rondônia, onde aprendeu rituais e magias. Por volta dos 32 anos, foi para o Acre atrás de trabalho, e ajudava a abrir as colocações, como eram chamadas as unidades de produção de seringa.

Analfabeto, Pedro sabia o nome de todas as árvores. Era mateiro, uma espécie de geógrafo da floresta. Uma bússola humana que serve de guia. Esteja onde estiver, sabe sempre achar o caminho de volta. Além dessa incrível aptidão espacial, Pedro também era habilidoso com as mãos. Fazia cestas, cerâmica, consertava espingardas, bacias, baldes de flandres, velhas panelas de alumínio, tudo com excelência. Foi ele quem ensinou Marina a fazer de tudo um pouco, e deve ter influenciado seu gosto por fabricar as próprias bijuterias, pelas quais ficou famosa. Ela se orgulha de saber fazer baldes, bacias, vassouras de folha de palmeira, de jarina, de oricuri, de jaci e um pouco de cestaria. *Ah, não, cestaria, hoje, acho que não sei mais*, diz.

Como parte de seus ritos xamânicos, a cada sete anos, Pedro mergulhava na mata, sem levar nada, nem mesmo alimento e proteção. Tinha de provar que sobreviveria apenas do que conseguisse caçar ou colher. Numa dessas incursões, ele permaneceu na floresta durante quarenta dias.

Havia uma aura de mistério em torno da figura do tio, e Marina tinha medo de que ele morresse, temia por esses estranhos rituais. Os pais explicavam que o tio tinha ido fazer suas orações e devoções aos espíritos da floresta, mas ela se preocupava. O que estaria comendo? Será que a cobra picou? A onça pegou? Ela chora novamente ao lembrar o episódio.

As pessoas diziam que ele desaparecia, que a gente só o via quando ele queria. Que ele tinha os poderes da mata, seus encantamentos. Mas a chuva amazônica caía torrencialmente, e eu ficava desesperada. Ficava imaginando onde é que ele estava, como estava. Meu maior medo era que a onça o comesse. Eu rezava muito.

Quando voltou, magro e abatido, cheio de farelos de folhas nos cabelos, arranhado de espinhos, Marina perguntou-lhe:

— Onde o senhor estava?

— Na mata.

— E o que o senhor comeu?

— Comi castanha, tucumã, cacau do mato.

— E onde dormia?

— Lá no oco do pau ou no tronco da samaúma.

Disse isso e mostrou um saquinho, feito de látex, de onde tirou um papel com orações, copiadas à mão. Sua resistência, garantiu, vinha daquelas rezas. Quando ele morresse, passaria tudo à menina, que foi dizendo que não queria. Achava que quem herdasse o breviário teria de cumprir os mesmos rituais, teria de dormir "no oco do pau, e poderia acabar virando comida de onça".

Pedro Mendes chamava Marina de "meu nego". Morreu de malária, em 1974, aos cinquenta e poucos anos, durante as obras da BR-364. Um mês antes disso, a mãe de Marina também falecera, vítima de aneurisma, aos 36 anos de idade.

Tia Matilde foi outra pessoa cuja convivência deixou muitas lembranças. Foi ela quem primeiro a chamou de Marina. A mãe queria que a filha se chamasse Natália, e Matilde, com sua dicção ruim, pronunciava "Natara". Então trocou para Osmarina, que Matilde pronunciava "Orrmarina", com o erre bem puxado. A mãe a repreendia. A tia retrucou que então, para simplificar e não errar, passaria a chamá-la apenas de Marina.

Eu tinha um amor quase materno pela Matilde. Ela não sabia se cuidar e eu, desde criança, cuidava dela. Eu a via ficar menstruada sem saber lidar com a situação. Ela ficava incomodada, queria tomar banho o tempo todo no igarapé. Ou então ela pegava um cobertor, dobrava e se sentava em cima dele, e não saía dali. Desde pequena entendi que tinha um momento em que as mulheres sangravam, e que aquilo era uma coisa que a gente tinha de esconder.

Até a morte, a mãe foi a única a chamá-la sempre de Osmarina.

Marina passou a infância nessa época encantada, vivendo solta sob o frescor das árvores na então chamada Colocação Breu Velho, no Seringal Bagaço, e ouvindo causos e folclore. Cedo, contudo, descobriu o significado da dor. Suas impressões sobre esses dias, sobre o ritmo da infância no seringal Marina Silva bem descreveu:

> Desde uns dez anos de idade, eu acordava todo dia por volta de quatro da manhã para preparar a comida que meu pai levava para a estrada da seringa. A rotina era imutável e demorada: levantar, pegar gravetos no monte de lenha, colocar sernambi — pedacinhos de látex coalhado — para queimar no fogão de lenha, jogar nos gravetos por cima. Com lenha molhada, então, fazer o fogo era uma verdadeira batalha.
>
> Todo dia preparava farofa. Às vezes com carne, mas quase sempre com ovo e um pouquinho de cebola de palha, acompanhada de macaxeira frita. Aí botava dentro de uma lata vazia de manteiga, com tampa. Manteiga era comprada só quando minha mãe ganhava bebê. Meu pai encomendava no barracão — o entreposto de mercadorias mantido pelo dono do seringal — uma lata, pra fazer caldo d'água durante o período de resguardo. Por incrível que pareça, a manteiga vinha da Europa para as casas aviadoras de Manaus e Belém e dali chegava aos seringais do Acre. A lata era uma coisa preciosa. De bom tamanho, muito útil, tinha tampa e desenhos lindos e elegantes.
>
> O ritual de fazer fogo, preparar o café e a farofa e entregar a lata a meu pai levava uns 45 minutos. O que eu sabia de cozinhar se resumia naquilo.

Até que vi pela primeira vez um fogão a gás, em Rio Branco, quando tinha uns doze anos. Estava muito doente e fui com minha mãe. Ficamos na casa do meu tio, na periferia da cidade. Fiquei encantada com o fogão. Como era rápido! Subia de repente um fogo azul, e era só botar a panela em cima!

Muito mais tarde, morando já em Brasília, estava atrasadíssima para uma votação no Senado e precisava comer alguma coisa, antes de sair de casa. Programei o micro-ondas para 45 segundos e fiquei na frente, estalando os dedos, agoniada, como se pudesse apressar ainda mais a máquina: vamos, vamos, vamos! E enquanto estava ali, nessa coisa meio maluca e ridícula, me veio de uma vez à mente a rotina do seringal. Me vi [*sic*] queimando o sernambi, a lenha, fazendo a farofa, preparando a lata de manteiga. O fogo vermelho e barulhento dos gravetos, a descoberta da chama azul do gás.

Acho que a vida toda fui manejando as coisas do tempo e da velocidade, sem perder o tempo e a velocidade internos. No meu aprendizado de vida, as coisas velozes sempre se associavam à cidade, e as mais vagarosas à floresta. De nossa colocação até o Piratinim, um dos barracões do Bagaço, eram onze horas de caminhada. Dali até a margem do rio, era mais uma hora. E, da margem do rio para Rio Branco, em torno de dois dias e meio. Hoje se leva menos de uma hora, por asfalto, para vencer os 75 quilômetros daquele ponto até Rio Branco.

Em geral as pessoas me acham muito calma. Talvez isso tenha a ver com a minha conformação emocional, mas é também um jeito de me relacionar com as dimensões do cosmos, de tal modo que vou internalizando e conciliando a frequência tecnológica e o ritmo frenético da vida urbana e da política com a potência do rudimentar, que faz parte de mim e sempre fará.

Na floresta, onde todo deslocamento demandava muito tempo, paradoxalmente recorríamos à velocidade do som para nossas necessidades de comunicação mais urgentes. Quando se queria avisar do nascimento de uma criança, sem ter que andar horas ou até dias pela mata, usava-se um código: dois tiros de espingarda significavam que nascera uma menina; três tiros, um menino. Se alguém morresse, eram sete tiros. E, no último dia do ano, doze tiros para compartilhar a comemoração do ano novo.

Nosso totem tecnológico era o rádio a pilhas, um bem quase mitificado. Podia faltar tudo, menos pilha para o rádio. O nosso era da marca Canadian. Meu pai, minha mãe e minha irmã mais velha eram os que sabiam manejá-lo. Ficava bem alto, numa pequena plataforma na parede. Minha irmã tinha que subir no banco para alcançar, e meu pai e minha mãe ficavam na ponta dos pés.

E ninguém mais podia mexer, para não prejudicar o ajuste e não dar chiado. Para meu pai, era sagrado ouvir a Voz do Brasil e os noticiários em português da BBC de Londres e da Voz da América. Minha mãe e minha irmã mais velha gostavam das novelas.

O rádio em si atraía muito minha curiosidade e, mesmo com todas as advertências, algumas vezes não resisti e mexi. Levava cada carão, pois, é claro, desajustava as faixas e lá vinha o odiado chiado. Uma vez consegui desparafusar a tampa traseira para ver se havia gente dentro da caixa.

Meu pai gostava muito de informação. Minha mãe sempre pedia ao noteiro — o homem que fazia as contas do saldo dos seringueiros e anotava as encomendas de cada família — revistas velhas porventura descartadas pelos patrões, em Belém. De quando em vez, vinham revistas Manchete. Minha mãe separava as páginas mais bonitas ou com muitas fotos para forrar as paredes da casa, um costume dos seringueiros. Mas, antes que ela recortasse tudo, meu pai lia tudo avidamente, mesmo sendo notícias velhas.

Nunca esqueci as fotos da morte do presidente Kennedy. Meu pai sentado no chão, com a Manchete aberta no colo, rodeado de crianças, lia em voz alta e explicava o acontecido. Ele já sabia, como fiel ouvinte da Voz da América, mas agora era diferente, tinha o peso das imagens. Ele dizia "presidente da América do Norte", e não Estados Unidos. Das coisas que meu pai contou, o que mais me impressionou foi que, ao prenderem o suposto assassino, alguém teria gritado: "quebrem-lhe os polegares!".

Só que, quando olhávamos, fascinados, as fotos de Kennedy na Manchete de novembro de 1963, já estávamos em 1968, cinco anos depois da tragédia de Dallas. Entre o acontecimento, a informação e a imagem, a completa percepção se arrastara por vários anos. É como se o fato tivesse viajado intacto pelo espaço, em cada detalhe: o estado de choque das multidões, o sangue do presidente, seus filhos tão pequenos, o corpo caído no carro. E de repente tudo isso aterrissou em nosso seringal, sem quebrar a emoção e o impacto, como se fosse uma época invadindo o domínio de outra.

Mas, afinal, o tempo que valia mesmo era o nosso, o das nossas circunstâncias. Não nos incomodamos de saber, com cinco anos de atraso, algo que já era História no restante do mundo. Nossa velocidade, vejo agora, não era veloz. E isso não tinha a menor importância.[1]

Acostumada, desde criança, a pegar no pesado, a ajudar no roçado, nos afazeres domésticos, no corte e na colheita do látex das seringueiras, Marina garante não sentir que perdeu a infância. Não demonstra ressentimento nem mágoa quando recorda essa etapa de sua vida. Pelo contrário.

Minhas irmãs também faziam as mesmas coisas que eu. As outras crianças, filhas de meus tios, do vizinho do lado, também iam pro roçado, iam buscar água no igarapé, varrer o terreiro, ajudavam a plantar arroz, milho e feijão. O pai à frente, cavando as covas, e elas colocando a sementinha nas covas. Você não tinha nenhum instrumento para ver uma realidade oposta àquela, para dizer: por que os filhos do fulano de tal ficam só brincando e nós, aqui, trabalhando? Não existia isso. Havia até um prazer de poder ajudar nossos pais a diminuir o fardo deles. Saber que tínhamos de aprender o melhor possível seu ofício, porque era assim que a gente poderia ajudar. Nossa família era muito grande; éramos um núcleo gregário, e não passava pela cabeça de meu pai desamparar nenhuma daquelas pessoas.

Desde muito cedo, Marina avalia que o estilo de vida que levavam a estimulou a aprender a fazer escolhas e a ser responsável por elas.

Parece que sempre fui madura, adulta, sempre optando e lutando por minhas decisões, mediando conflitos, interesses, preocupando-me em ajudar, em trabalhar. Brincar também, claro, mas fui uma criança com muitas responsabilidades. Não me lembro de ter vivido uma fase adolescente, como vi nas minhas filhas, com características próprias de adolescente. Li em algum lugar que a crise da adolescência é um fenômeno pós-guerras. No meu tempo, a criança aprendia em casa o ofício dos pais e seguia a vida.

"Você quer ir agora ou daqui a uma semana, quando a gente vender a borracha?" foi a resposta do pai, quando ela pediu para ir embora. Uma reação totalmente inesperada. Correu para uma moita, ajoelhou-se e agradeceu a Deus.

O avô materno, Francisco Rocha de Morais, conhecido como Chico Tobiba, apelido associado a uma formiga "braba toda vida", foi tomar satisfação com seu Pedro. Como é que poderia deixar a filha ir sozinha para a cidade? Não era coisa que prestasse. Seu Pedro respondeu calmamente:

— É, meu padrinho, ela quer ir, que se vai fazer?

O avô começou um sermão.

— Ela quer ir, que se pode fazer — repetiu Pedro, serenamente.

— Você vai ver quando ela voltar com o bucho no pé da goela, daqui a nove meses — esbravejou Chico Tobiba.

— Meu padrinho, ela quer ir, que eu posso fazer?

O avô saiu bravo, resmungando.

Naquele momento eu me vi diante da pessoa mais maravilhosa do mundo. Meu avô era forte e tinha grande influência sobre a família. E meu pai sustentou sua posição, firme e serenamente, sem brigar. Passou a semana, vendemos a borracha, ele me deu o dinheiro, botei as minhas coisinhas num saco e estava pronta para ir.

Quando analisa a atitude do pai, não a encara como irresponsável, mas como um voto de confiança.

Meu pai é uma pessoa muito especial. É uma pessoa sofisticada, embora seja um homem muito simples. Sempre fomos cúmplices.

capítulo 2

seu Pedro

Pedro Augusto da Silva lembra-se das três cobras que já lhe picaram os pés enquanto carpia a roça, num sítio, no interior do Acre. Nada de mal, contudo, lhe aconteceu. Jararaca e papagaia viu bem de perto, mas não sabe dizer, ao certo, o que era a terceira. A maligna agarrou firme seu calcanhar, e Pedro, quando deu com ela, balançou a perna devagar, até que soltasse. Depois espremeu a pele no local da ferroada e drenou dali um sangue preto, meio infectado. Dor de picada garante que nunca sentiu.

Há quem diga que essas malditas criaturas não têm poder contra seu Pedro. "Ele tem dom de curar", afirma seu neto, Eudes da Silva. Diversas vezes, Eudes presenciou o avô apaziguando animais picados por cobra. Pedro não é religioso, desses que acreditam em dons espirituais de cura. Nada disso. Ele cospe dentro da boca do animal e o bicho melhora. As pernas do bezerro ou da vaca tremiam, garante Eudes, mas depois que o avô cuspiu na boca deles acalmaram-se, e era como se nada tivesse acontecido.

Pedro Augusto da Silva pode ser tido por valente. Não tanto por saber anular, com uma boa cuspida, o veneno de serpentes, mas porque, durante a maior parte de sua vida, foi um seringueiro nas florestas do Acre. A vida que ele levou ali desde que desembarcou de uma viagem de setenta dias, em 4 de setembro de 1946, vindo de Messejana, no sertão do Ceará, é vida para gente de estômago forte e coração de ferro. É uma vida que se vivia no escuro, feita de caminhadas longínquas pelos varadouros, as estradas que cortam os seringais. Uma vida carregando tochas esfumaçadas que lhe afetaram a vista; de golpes firmes desferidos com a ponta do facão nos troncos majestosos das árvores; de semiescravidão disfarçada, dependente de rígidos patrões, e de um leite precioso escorrendo pelo corpo das seringueiras.

Ele veio do Ceará fugindo do inferno da seca e da aflição da fome, acompanhando parentes, que no Acre já haviam se estabelecido. Milhares de cearenses migraram nessa época para trabalhar na borracha e ajudar a colonizar o então único território brasileiro. Vieram na esperança de desfrutar o que ainda restava de perspectiva naquela atividade econômica, que já entrara em declínio.

Sobre esse movimento das gentes, Euclides da Cunha registrou:

> [...] em menos de trinta anos, o Estado, que era uma vaga expressão geográfica, um deserto empantanado, a estirar-se, sem limites, para sudoeste, definiu-se de chofre, avantajando-se aos primeiros pontos de nosso desenvolvimento econômico. O cearense, o paraibano, os sertanejos nortistas, em geral, ali estacionam, cumprindo, sem o saberem, uma das maiores empresas destes tempos. Estão amansando o deserto. E as suas almas simples, a um tempo ingênuas e heroicas, disciplinadas pelos reveses, garantem-lhes, mais que os organismos robustos, o triunfo na campanha formidável. E naquele extremo sudoeste amazônico, quase misterioso, onde um homem admirável, William Chandless, penetrara 3.200 quilômetros sem lhe encontrar o fim, cem mil sertanejos, ou cem mil ressuscitados, apareciam inesperadamente e repatriavam-se de um modo original e heroico, dilatando a pátria, até aos terrenos novos que tinham desvendado.[1]

Após o fim da Segunda Guerra Mundial, as forças geopolíticas globais se reorganizavam e, no Brasil, o Estado Novo de Getúlio Vargas acabara de se desfazer. Deixara como herança algumas medidas públicas que empreendera na Amazônia, ao tentar recuperar a produção e a economia do chamado ouro branco.

> Milhares de trabalhadores de várias regiões do Brasil foram compulsoriamente levados à escravidão por dívida e à morte por doenças para as quais não possuíam imunidade. Só do Nordeste, foram para a Amazônia 54 mil trabalhadores, sendo 30 mil deles apenas do Ceará. Esses novos seringueiros receberam a alcunha de Soldados da Borracha, numa alusão clara de que o papel do seringueiro em suprir as fábricas nos EUA com borracha era tão importante quanto o de combater o regime nazista com armas.[2]

Quando Pedro ali aportou, a oferta de borracha na Ásia — responsável pela decadência da exploração da borracha nativa no Brasil — tinha sido prejudicada pela invasão japonesa. Getúlio tentara reativar a produção na Amazônia, para abastecer os aliados, e para tanto atraiu um contingente de miseráveis para o Acre.

Pedro tinha 19 anos quando desembarcou naquela terra de ninguém, sem saber nada do ofício, mas com emprego garantido. Estava há seis anos no seringal quando se encantou com outra cearense, descendente de portugueses, com quem se casaria meses depois.

Maria Augusta, nascida na pequena Paracuru, foi declarada sua esposa numa cerimônia oficiada pelo patrão de seu Pedro. Nessa época, os seringalistas documentavam os casamentos, gozando da autoridade legal de juiz. Nomeavam conhecidos como escrivães, e assim tudo se resolvia facilmente.

Seu Pedro dançou muitos forrós fazendo par com outro homem até encontrar Maria Augusta. Mulher no seringal era raridade. Não faltam histórias de trabalhadores aflitos e solitários encomendando aos patrões esposas, feito mercadoria, pagando por elas bom preço.

Maria Augusta era branca e seu Pedro, um negro vistoso; ele garante que não enfrentou preconceito da família quando os dois se casaram. "A mãe dela também era negra e o pai, branco. Maria Augusta tinha irmão claro e irmão escuro", recorda seu Pedro.

Marina Silva diz que só descobriu o significado de preconceito contra mulheres e negros quando foi morar na cidade. Até então, o bonito era ser negro. E ser mulher era ser forte. Orgulha-se de pertencer a uma linhagem de matriarcas, na qual as mulheres costumavam erguer a voz e ser ouvidas pelos maridos.

Na cidade, porém, branco é que era bonito. Casar-se com alguém que não era "de cor" era "limpar" a família. O mundo até então eu via com os olhos de minha mãe, que valorizava a força das mulheres e a cor de pele negra.

Pedro nunca mais quis viajar para o Ceará, nem ao menos para visitar. Algumas vezes, foi convidado a retornar por políticos ilustres da terrinha, mas declinou. Não há nada que fazer por lá, e as lembranças são dolorosas, ele afirma. Pedro tem ali dois irmãos, e deles quase não tem notícias. Um irmão, José, mora no Rio de Janeiro, dois são falecidos e tia Matilde vive em Rio Branco, na casa que pertence a Marina Silva e seu marido, Fábio Vaz.

Memória privilegiada, Pedro Augusto cita, sem titubear, o nome de cada embarcação — Itapé, Cambridge, Belo Horizonte e Sorocaba, esta última uma "chata", uma barcaça movida por roda traseira, que o deixou no local de onde nunca mais sairia — e dos trechos da viagem que mudou seu destino, seguindo pelo maior rio da Terra, chamado Solimões, que depois vira Amazonas, para dar no Purus, até chegar a Boca do Acre.[3]

Quatro dias depois do desembarque, a família dividiu-se em dois batelões, Tabajara e São Jorge, e nesses pequenos barcos seu Pedro chegou ao lugar que marcaria sua história para sempre: o Seringal Bagaço.

Nesse pedaço do Brasil, ele trabalhou duro, boa parte do tempo na escuridão, guiado pela poronga.[4] Ali, no meio da mata, na Colocação Breu Velho, casou-se, teve filhos e netos. Envelheceu. Foi feliz, de uma felicidade "da mão para a boca", feita de ligeiros instantes vividos em família; feita dos forrós, de música batida nos latões cheios de borracha transformados em tambores; feita da cachaça Cocal, da roda de amigos, jogando conversa fora. Uma felicidade sem grandes elaborações. Felicidade discreta, para tomar emprestada uma expressão de Leonardo Boff.

Pedro foi também infeliz como infelizes foram os Soldados da Borracha. Ele vivia de andanças de vinte quilômetros por dia; vida acuada, sem recursos financeiros, sem medicamentos, sem direitos, sempre escravo dos seringalistas, sem conforto, sem folga; vida de malária, de febre amarela, de leishmaniose, sofrendo, além das privações materiais, a perda de três filhos e da mulher, que não chegou aos 40 anos de idade.

Por incrível que pareça, é desse viver incômodo que ele se recorda com saudade. Se alguém perguntar a seu Pedro do que ele sente mais falta, responde na mesma hora, sem pestanejar: "De cortar seringa". Como alguém poderia ter saudade de tempos tão difíceis é o que surpreende, mas seu Pedro argumenta: "Foi o serviço que a gente se acostumou. Nem tem mais, né? Se tivesse e eu pudesse, eu *gostava* de cortar".

Deuzimar, sua filha mais velha, diz que Marina também demonstra essa mesma nostalgia. "Ela fala assim: se pudesse voltar tudo como era, se pudesse voltar pro seringal... Se não fosse a doença, do jeito que ela era, com a garra que Marina tinha de cortar seringa, ela ainda *tava* lá. Eu não acho, não, eu tenho certeza. Agora, ela *era* uma seringueira veterana".

Quando fala de seus sonhos, seu Pedro abre um sorriso larguíssimo e diz que, se possível, deseja passar dos cem anos. Não vai à igreja, não segue a fé da maioria das filhas, que frequentam a Assembleia de Deus e são loucas para vê-lo "convertido".

Esse senhor de 82 anos, bem-humorado, de pele lisa e fala macia, relembra todas essas histórias sob as esparsas seringueiras que restaram no lugar onde um dia foi o Seringal Bagaço. Seu Pedro costuma ir até lá com frequência, passar o dia com a família de uma das filhas, que mora numa casinha de madeira, com varanda, dois quartos, sala e cozinha, e o banheiro do lado de fora. Um fogão a gás serve de enfeite e de armário, ou é usado só para emergências. A comida do dia é feita em fogão à lenha. A casa não tem televisão, porque a igreja de Maria Aurilene não aprova o aparelho. Luz elétrica chegou na "colônia" há cerca de seis anos, "graças ao Lula", afirma seu Pedro. A moldura desse cenário rural é um céu azul-profundo, tomado por estrelas. A trilha sonora vem de um coro de cigarras anabolizadas.

Até alguns anos antes, porém, era mais fácil encontrar o pai de Marina Silva na cidade, vendendo bombons em uma tabacaria, na rodoviária de Rio Branco. Acordava como sempre às três horas da manhã e seguia para lá, onde ficava até partir o último ônibus. Trabalhava sem carteira assinada, ganhando um salário mínimo por mês.

Seu Pedro hoje é aposentado como trabalhador rural e também recebe um salário. Marina sustenta o pai, além de ajudar as irmãs e acudir parentes, quando necessário. Como a família é grande, as finanças da senadora andam sempre meio apertadas.

Seu Pedro mora com a família da filha Maria Elizete e um sobrinho numa casa de madeira, num bairro pobre na periferia de Rio Branco. Toma remédio para pressão e reclama da gota, que o atormenta há vários anos. O dialeto acriano, embalado por forte sotaque regional, dificulta captar, com exatidão, o sentido das palavras. Assim, metade de seu discurso é quase ininteligível para alguém não habituado:

> Fiquemo numa colocação por nome Vertente uns três meis. Nóis ia abrir outra colocação no bruto, cheguemo a abrir vinte e tantas estrada nessa colocação. Levantava quatro hora da madrugada e começava a cortar. Quando fechava o corte, onze hora do dia, comia alguma farofazinha que levava lá no mato memo e voltava novamente colhendo o leite. Quando a estrada era grande, chegava por uma hora dessa, seis da noite, daí ia defumar o leite, até sete, oito hora da noite. E daí começava de novo.

Seu Pedro conta que sofreu um ano até aprender a talhar cortes retos nas árvores e colher mais que duas latas. Enquanto os colegas tiravam 15, 16 litros de látex por dia, ele colhia quatro, um verdadeiro fiasco.

Aprendeu a fazer contas ali, no interior do seringal. Quando chegou, só sabia contar até 25, total de feixes de palha de carnaúba que juntava nas fazendas do interior do Ceará, um ofício que lhe rendia, segundo calcula, oito mil réis por dia.

Oito malárias derrubaram seu Pedro ao longo da jornada. Na última, como a recuperação se prolongasse, em vez de oito comprimidos, como era usual, tomou o vidro todo. Funcionou. Nunca mais pegou malária.

Houve um tempo, por volta de 1965, em que ele cismou de ir embora. Quis tentar a vida em Manaus, e para lá se mudou com a família. Foi na capital do Amazonas que Marina foi pela primeira vez à missa. Ver a indumentária dos padres e das freiras só reforçou seu desejo de tornar-se uma delas. Também foi nessa época que viu Jesus Cristo pela primeira vez, numa tela de cinema. Um Deus loiro, de olhos verdes, lindo como um anjo. Quando o filme terminou, correu para olhar atrás da cortina, achando que ele estivesse ali.

A família ficou cinco meses em Manaus, mas tudo o que podia dar errado realmente deu. A borracha enfrentava sua derrocada, e eram enormes as dificuldades para todos os que ainda esperavam viver do produto. A mulher queria voltar, mas seu Pedro teimou. Foram então para Belém, onde permaneceram por 20 meses. Tudo errado de novo; a família passando fome.

Sem dinheiro para mais nada, Maria Augusta sugeriu ao marido que escrevesse uma carta ao antigo patrão acriano, pedindo ajuda para retornarem. O seringalista emprestou o dinheiro, e a família tomou o navio de volta. Foram 29 dias para percorrer o rio, do Pará até o Acre.

Estavam muito endividados e, por causa disso, ao chegarem, as filhas arregaçaram as mangas e começaram a ajudar no corte de seringa, para aumentar a produção. Deuzimar, Marina e Maria Lúcia tiveram de pegar no pesado. Diziam que, se não trabalhassem, o pai nunca pagaria aquela conta. A época já era de decadência dos seringais; o preço da borracha estava lá em baixo e, para agravar, a família levava a desvantagem de ser constituída quase exclusivamente de mulheres.

Deuzimar se lembra de Marina saindo de madrugada, facão na cintura, para bater varadouros.[5] Andava catorze quilômetros por dia. Sete para sangrar as árvores, sete no retorno, para colher o látex. Depois ainda havia a defumação, o tempo em que o látex ficava endurecendo até virar uma "pela", grande bola de borracha maciça.

Onze anos de idade e Marina já era seringueira das boas. Pagaram a dívida em menos de um ano. Deuzimar relembra:

> Parece que eu tô vendo ela (Marina) chegar com as mãos cheias de seringueirazinha pequena, assim desse tamanho, pra plantar e fazer um seringal. Já nesse tempo ela achava que a gente podia plantar um seringal ao redor de casa pra num ter de andar quilômetros e quilômetros para dar a volta na estrada de seringa. A gente saía cedinho, cinco horas, e voltava dez horas, pra comer. Depois voltava de novo pra colher o látex. Era mais umas quatro horas na parte da tarde pra poder defumar.

Apesar da disposição para o trabalho, desde criança, a saúde de Marina sempre fora, de todos os filhos de seu Pedro, a mais frágil. Deuzimar é quem conta:

> Desde os cinco anos que ela é doente. Porque não tinha médico, né. De vez em quando passava uma pessoa e vendia um remédio. Tinha duas qualidades de remédio que a gente usava. Um se chamava uvilon e o outro,

> pipelmin, que era pra verme. Minha mãe comprou um desses remédios e deu pra gente, mas pra ela fez muito mal. Então ela pegou muita febre. Foi eu e a minha mãe, com muita dificuldade, levar ela pra Rio Branco, e ali o médico falou que ela tava intoxicada pelo remédio. Ela sempre foi assim; ficava sempre doentinha. Com nove anos eu lembro que a gente foi chupar umas laranjas e ela desmaiou. Foi ficando fraquinha, amarelinha. Sempre a gente notou que ela era mais frágil, mas em garra mesmo ela era muito valente.

A irmã mais velha se espanta da força interior de Marina ao percorrer o Brasil, sustentada por tão delicada estatura física. Atribui essa disposição a um dom que vem do "Alto". Ao falar da irmã, os olhos se enchem de lágrimas, de lembrar tantas enfermidades mortais vencidas e de seu intenso desejo pela vida. Os olhos de Deuzimar são amendoados, de cabocla, parecidos com os de Maria Lúcia e também com os de Marina. Maria Aurilene, no entanto, é a sósia de Marina Silva.

Hoje, na colônia onde mora Deuzimar, a paisagem é diferente, e a monocultura ficou para trás. O cultivo é de pimenta-cheirosa, melancia, hortaliças, culturas menos cruéis para quem delas vive.

Deuzimar vende melancias, bananas e pimenta pelas ruas de Rio Branco. Ao lado do marido, direto de uma caminhonete, trabalha duro. Ela diz que consegue ganhar, em média, quinhentos reais por semana, embora em alguns meses essa cifra aumente. "De repente, o quilo da pimenta tá de cinco reais e, de repente, tá de um". Muita gente comenta com ela:

— Mas você não é a irmã da senadora?

— Sim, sou — ela responde.

— Mas vendendo melancia?

— E qual é o problema? — retruca.

"Não é um trabalho honesto? Não é melhor vender melancia do que roubar? Num tô fazendo nada de mais. Outros vêm querendo desfazer da gente. Eu sinto pena deles, pela 'ingnorância' deles. Cada pessoa deve cumprir sua missão, a dela é a dela, a minha é a minha. Porque ela é senadora e ministra eu vou ter que ser também? Num tem nada a ver. Cada um faz aquilo que é ou que quer ser ou o que aprendeu ou o que a chance lhe deu."

Vontade de ir à escola ela bem que tem, mas acha que seu tempo passou.

capítulo 3

a partida e as primeiras mudanças

Encostada num barranco, chinelo de dedo nos pés, um saco de açúcar no ombro servindo de mala, contendo uma rede, uma muda de roupa e o equivalente hoje a uns vinte reais, Marina esperou pelo ônibus, que passava duas vezes por semana levando seringueiros para Rio Branco. Na estrada de terra, a poeira comia solta. O sol abrasador desafiava os sertanejos mais fortes. Quarenta graus era pouco naquele setembro de 1975.

O pai olhava de longe, da janela de casa, e as irmãs tinham ido tomar banho no igarapé, dando a deixa que ela esperava para partir sem se despedir. A avó Júlia balançava na rede, fumando seu cachimbo.

Sua mãe morrera há dois anos. Deuzimar já se casara, e Marina, a segunda filha, assumira o papel da irmã, agregando a família.

Estava aflita e preocupada. Não é que se sentisse culpada por desejar partir. Tinha medo de desistir. Movida por uma forte intuição, estava certa de que, se não fosse em busca de tratamento, não sobreviveria.

Ao mesmo tempo, eu pensava que, se ficasse boa e se conseguisse aprender a ler, estaria fazendo alguma coisa muito boa para todo mundo. Como eu ia ser freira, pensava que, de alguma forma, Deus iria me recompensar, cuidando das minhas irmãs e do meu pai.

Ansiosa, engoliu em seco ao embarcar para aquela viagem sem volta, e fez de tudo para não chorar. Se partisse chorando, os outros poderiam achar que estava fugindo, ou que havia aprontado alguma e sido expulsa de casa. Precaução moral. Freud explica: o desejo de salvaguardar o nome do pai.

A maior parte das pessoas no ônibus era gente conhecida. Subir no ônibus sozinha, com o saco nas costas, e ainda por cima chorando? Engoli o choro, sentei, colei a testa no vidro e fui olhando para o mato correndo velozmente, como se a velocidade das folhas fosse uma espécie de entorpecimento, que tirava o meu medo, a minha saudade. Durante um bom tempo fiquei assim. Quando foi escurecendo, e ninguém mais podia me ver, então comecei a chorar.

A viagem, que hoje se faz em quarenta minutos, durou cerca de seis horas. O ônibus parava no Ponto Certo, à margem esquerda do rio Acre, e ela precisava atravessar para a outra, e seguir rumo ao bairro Estação Experimental. Dali, então, rumaria para Vila Redenção, onde morava a tia, Maria Bita, irmã de seu pai.

A parada ficava em frente à Casa das Redes Guacyra, local movimentado onde desembarcavam seringueiros assustados, que iam tentar a vida na cidade ou então fazer compras num mercado popular.

Os parentes que moravam em Rio Branco eram gente simples, como ela, mas algumas coisas naquele princípio de vida urbana a incomodavam. Luz elétrica lhe dava agonia. A claridade lhe feria os olhos, habituados ao breu da floresta e à dança sinuosa da chama de lampiões. Outro que perturbava era um galo, que sismava de bater ponto durante toda a madrugada.

Passaram-se uns dias até que Maria Bita levasse a sobrinha doente para ver um médico. Marina traçara um roteiro na mente: ficar boa da "tristeza", aprender a ler e, por fim, ir para o convento.

A consulta foi marcada no Hospital de Base de Rio Branco, onde a tia trabalhava. Foi atendida na ala de indigentes, reservada àqueles que não tinham registro no INPS — Instituto Nacional de Previdência Social (como era chamado então o atual INSS — Instituto Nacional de Seguro Social), nem carteira de trabalho.

Maria Bita pedia que o doutor a examinasse bem, pois os olhos da sobrinha estavam amarelos, da cor do açafrão. O médico, um sujeito rude e sem papas na língua, examinou a jovem abatida e foi logo dizendo: "Eh, Maria Bita, só agora você traz essa daí? Essa daí já está com a alma no inferno há muito tempo".

Ele olhou para mim, de cima em baixo. Eu estava muito magrinha, e ele me disse isso. Eu tremia toda. Ele dizia que não tinha jeito, que eu ia morrer. Naquela mesma hora eu fiz o que tinha aprendido com minha avó: comecei a rezar. Pensei comigo, ele tá dizendo isso, mas Deus não vai deixar isso acontecer.

Receitou um vidro de Eparema, como paliativo para as sequelas de uma hepatite que já se prolongara tempo demais e deixara suas marcas. Recomendou-lhe mudança de alimentação, e ela passou, então, a evitar frituras e alimentos mais pesados, como carne vermelha e gorduras, preferindo arroz branco, legumes e frutas não muito ácidas. Com essa dieta nada acriana, foi melhorando aos poucos.

A sentença de morte do médico do Hospital de Base de Rio Branco foi a primeira de três que receberia, sempre proferidas por médicos muito seguros de seus diagnósticos.

Ficou cerca de dois meses na casa de Maria Bita, mas o lugar era pequeno e havia outros parentes morando ali também. Bastou sentir-se melhor, foi morar com tia Mariquinha e tio Aurélio, irmão de sua mãe. Ali ficou sabendo que um casal de professores procurava uma empregada doméstica. Aceitou o trabalho na casa de Dagmar e dona Teresinha, uma família numerosa de classe média, com seis filhos pré-adolescentes. Trabalhou com eles durante seis meses.

Não sabia fazer nada direito. Generosa, dona Teresinha ensinou-lhe algumas tarefas, como fazer arroz e fritar bife. Marina, porém, nunca deu para a cozinha. Nas reuniões de família, ela sempre acaba lavando a louça.

O jornalista acriano Altino Machado lembra uma tarde no fim dos anos 1990, quando caminhava com a já eleita senadora Marina Silva pelo centro de Rio Branco. Ela pediu licença para cumprimentar uma pessoa, do outro lado da rua. Tratava-se de uma senhora de idade, com quem ficou conversando durante algum tempo. Ao voltar, comentou com Altino: *Era minha ex-patroa.*

Com o dinheiro que juntou como doméstica, comprou um enxoval contendo duas toalhas de banho, uma coberta, alguns lençóis, sabonetes e roupas para o começo da vida no convento. Também comprou uma rede, que levou de presente para o pai por ocasião de sua visita à família, no seringal. Foi nesse reencontro que Marina avisou que decidira morar com as freiras.

Fiquei com um pouquinho de dinheiro, que guardei porque sempre tinha medo de ficar doente. Naquela época eu tomava plasil enzimático regularmente porque o médico dizia que eu não produzia enzimas digestivas. Assim eu podia comer um pouquinho mais. Se comesse só arroz, eu me sentia melhor, com a barriga menos inchada, daí eu ficava anêmica. Então, para comer melhor, tomava plasil. Não podia comer laranja, abacaxi, melancia, nada ácido.

O curso no Colégio Natalino de Silveira Brito já estava quase entrando no último trimestre do ano, mas Marina quis começar assim mesmo. O Movimento Brasileiro de Alfabetização (Mobral) era um programa muito popular, nos anos 1970, de alfabetização de adultos do governo brasileiro. Marina tinha apenas pouco mais de dois meses para tentar alcançar o ritmo da turma. Teria de se esforçar.

A professora escrevia na lousa os fonemas, mas Marina não entendia o que era aquilo. "B+A=BA, B+E=BE", e assim por diante. A professora repetia palavras como BA-NA-NA, e ensinava que a soma das letras formava os sons das sílabas, que resultavam nas palavras.

Marina podia não conhecer o alfabeto, mas matemática ela sabia, e bem. Como todos os irmãos, tinha sido bem treinada na equação dos 17%, para não levar desvantagem dos seringalistas. Aquele ensino facilitou muito sua vida escolar. Não teve dificuldade em compreender que o ensino da professora nada mais era que uma aula de matemática: em lugar de números, somavam-se letras e sons. Tudo o que ela precisava agora era conhecer a grafia das letras. E, em duas semanas, estava "alfabetizada". Então, foi encaminhada para outra sala, a fim de ingressar na educação integrada, que equivalia às quatro primeiras séries do, então, ensino primário.

Acho que todo o processo metaforizante que aprendi em minha relação com os meus velhinhos foi um treinamento e tanto. Eles contavam muitas histórias, e eram histórias lindas, de príncipes, de princesas, um universo de lendas, sem falar do meu tio, que me apresentava o mundo dos espíritos. Aprendi a construir um raciocínio abstrato com base nas questões com que eu ia lidando. Quando conheci as letras e o som delas, fiz uma abstração. Mas, quando tinha Y e CH, eu ficava embananada e não sabia como escrever.

Em outubro, no novo curso, pegou de novo o "bonde andando". O supletivo equivalia às quatro primeiras séries do ensino fundamental. Já no primeiro dia deu um fora. A professora tinha uma lista de presença, com o nome de todos os alunos. Marina, no entanto, não sabia até então o que era uma "chamada". Por ser aluna nova, seu nome era o primeiro da lista. A professora chamou seu nome; ela se levantou prontamente e foi até a mesa dela, perguntando bem baixinho o que ela queria.

"Você é doida, menina? Que tá fazendo aqui? Quando a gente chamar, responda presente, não precisa vir aqui. É abestada?", disse ela alto o suficiente para que toda a classe escutasse.

Marina ficou morta de vergonha e não quis voltar no dia seguinte. Entretanto, à medida que lavava os pratos, na casa da tia, decidiu: "Eu vou, porque, se não for, vão me chamar de abestada pro resto da vida". E voltou à escola cheia de defesas. Adotou uma postura altiva, demonstrando que nada ali poderia afetá-la.

Eu pensava: "aqui nada me atinge, podem mangar de mim, da minha roupa, podem mangar, estou aqui para aprender".

Conseguiu, de forma espantosa, concluir o curso primário em três meses. Entrou na primeira série do ginásio no início de 1976 ano em que também começou sua jornada, como postulante a freira, com as irmãs da Casa Madre Elisa, em Rio Branco. Em 1977, já na segunda série, inscreveu-se no provão do supletivo do primeiro grau e foi aprovada em todas as matérias.

capítulo 4

uma vida e um país em ebulição

Essa época foi de muitas mudanças para a jovem Marina. No curso supletivo, ela mergulhava nos estudos e, no convento das Servas de Maria Reparadoras, trabalhava duro, em afazeres domésticos ou na rega das hortas e dos vastos jardins que até hoje enfeitam o lugar.

Não era apenas a vida de Marina que passava por grandes transformações. Seu Estado natal atravessava um período de intensas mudanças sociais. À medida que ela desvendava o universo das letras, da gramática, da história e da geografia, e adentrava na rotina das preces com hora marcada — três vezes ao dia, às seis, às doze e às três da tarde —, o governo do Acre vendia, a preço de banana, um terço de seu território a grandes pecuaristas e especuladores do Centro-Sul.

Alheia, ainda, a tudo isso, Marina acordava às cinco da manhã para fazer o café e as demais tarefas. No convento, havia horário para tudo. Só lhe era permitido estudar até às oito e meia da noite, quando deveria recolher-se para dormir. Ela, porém, queria tirar o atraso nos estudos; queria aprender. Então, resolveu comprar, furtivamente, um pacote de velas e um despertador.

Para poder mergulhar nos livros até a madrugada, Marina cobria com jornal o vidro da janela, sob a justificativa de que a luz do corredor a incomodava. Quando se sentia vencida pelo cansaço, enrolava o relógio barulhento num cobertor e, com ele próximo do corpo, adormecia.

Pouco antes das cinco da manhã, o bicho fazia "truuu" no meu ouvido. Aí, lá ia eu fazer o café, com a cara toda amassada, morta de sono. Depois vinha a oração da manhã na capela. Só sei que eu tirava 9 e 10 em tudo quanto era matéria.[1]

No embalo de um movimento de expansão de fronteiras agrícolas que varreu o Centro-Oeste do Brasil naqueles anos 1970, o Acre, então a última das fronteiras, também recebeu sua porção de "gringos". O mote do então governador Francisco Wanderley Dantas[2] ainda ecoava fortemente: "Acre, a nova Canaã. Um Nordeste sem seca, um Sul sem geada".

Com esse *slogan*, Dantas atraiu uma leva de fazendeiros de outros estados, principalmente paulistas, mineiros e paranaenses. As manchetes dos jornais da época mostram que os pecuaristas compravam as terras no escuro e enviavam, de avião, os primeiros rebanhos. Eles não sabiam que o lugar era habitado por milhares de famílias de seringueiros falidos, o que dificultaria a ação de se estabelecerem ou de simplesmente revender as propriedades com lucro.

À medida que Marina se adaptava à nova disciplina religiosa, as árvores que ela tanto amava tombavam, sem misericórdia. Centenas de seringueiros eram assassinados a sangue frio por fazendeiros cobiçosos, e riscados do mapa como se nunca houvessem existido. Enquanto ela rezava, os corpos eram jogados na estrada, sem identificação, sem passado.

Era também um tempo em que se erguiam as primeiras vozes de resistência no campo, com apoio da uma ala progressista da Igreja Católica, que Marina ainda desconhecia.

Em 1977, surge o Sindicato dos Trabalhadores Rurais de Brasileia, liderado por Wilson Pinheiro. Reconhecido nacionalmente, não tardaria em ser assassinado por um grupo de fazendeiros. Seu colega, Chico Mendes, cairia, para não levantar, onze anos mais tarde.

Hoje, quem viaja pela BR-364, rodovia que teoricamente liga o Acre de ponta a ponta, avista um dos frutos remanescentes dessa época turbulenta de ocupação: o gado nelore, que reina altaneiro numa vastidão de pastagens a perder de vista. De ambos os lados da rodovia, o pasto é a única paisagem, só alterada por esparsas castanheiras, muitas delas sem vida.

Poderia ser pior. Se a margem da estrada é tomada por pastagem, o interior ainda reserva uma riqueza concorrida, que desperta a gula de empresas, formais ou clandestinas, de ONGs e governos: a *floresta*. Felizmente, apenas 10% do território do Acre foi devastado; os demais 90% são hoje área com cobertura florestal.

A resistência dos seringueiros, ao que parece, produziu resultados.

Nas ruas de Rio Branco, entretanto, tudo hoje é diferente comparativamente àqueles anos em que o Acre "cheirava pólvora". Um passeio a pé pelo centro da capital pode reservar surpresas agradáveis. Por volta de oito horas da noite, quando bate uma brisa boa e os termômetros, em setembro, descem para a marca dos 30 graus, a Biblioteca Pública do Acre fica apinhada de gente. Da calçada, nota-se, lá dentro, no ar condicionado, uma multidão de jovens conectados à internet, estudando ou simplesmente batendo um papo eletrônico, nas mesas novinhas em folha, equipadas com computadores de tela plana.

A biblioteca estadual está tinindo. Do lado de fora, uma das paredes exibe a inscrição "Governo da Floresta". Também é possível ver as escadas, com pé direito alto, que dão acesso ao segundo andar, num vão livre enfeitado por grandes móbiles, em papel machê, de peixes amazônicos coloridos.

Na praça bem iluminada, onde está instalado esse centro de leitura, mesas de mogno envernizado são ocupadas por estudantes munidos de *laptops*. No meio dela, avista-se um pequeno poste com a inscrição "*wi-fi on*", indicando que o local é suprido pela rede invisível que facilita a vida dos internautas. Trata-se de uma imagem que prova que, num Estado onde quase tudo ainda está por fazer, a capital, ao menos, já realizou parte da tarefa; e bem.

O Acre passou por uma verdadeira revolução desde que o Partido dos Trabalhadores assumiu a gestão, em meados dos anos 1990. A figura do ex-prefeito e ex-governador Jorge Viana é incensada por lá. Em todas as rodas, que incluem as de seus detratores, o que se escuta é que a política local é dividida em a. J. e d. J, antes e depois de Jorge.

Não que a população ainda esteja em lua de mel com o PT. Depois de doze anos no poder, os vícios começam a aparecer, e as críticas aumentam, em especial no que diz respeito à transparência da gestão. Entretanto, é praticamente consenso a implantação de uma visão mais moderna de administração pública, capaz de resgatar a autoestima desse povo altivo ao mesmo tempo em que promoveu a remodelação estética da capital, com obras de evidente impacto visual.

Parques, ciclovias, passarelas iluminadas, mercados restaurados, praças limpas e monumentos formam hoje um bom cartão de visitas de Rio Branco.

Além disso, os avanços reforçaram na população um sentimento meio bairrista, que eles denominam "acrianidade".

O que se vê, hoje, é um retrato recente e convidativo, que sinaliza um novo tempo para essa terra de fronteiras misteriosas e povoadas por uma diversidade de tribos, línguas e encantos. Mas nem sempre foi assim. No final dos anos 1970, as coisas eram totalmente diferentes nesse canto remoto do Brasil.

Das lideranças emergentes da época, o nome de dom Moacyr Grecchi é, de longe, o mais lembrado, perdendo apenas para Chico Mendes. O atual arcebispo de Porto Velho, Rondônia, era bispo de Rio Branco quando o Acre se transformou num barril de pólvora e em palco de grandes batalhas sociais. Frei Betto o denomina "pai espiritual de Marina", embora logo se perceba que ele é pai espiritual não só dela, mas de uma geração de combatentes.

Dom Moacyr foi o primeiro presidente nacional da Comissão Pastoral da Terra (CPT) e liderou-a por um período de oito anos. Ocupou, ainda, cargos importantes na direção da Conferência Nacional dos Bispos do Brasil (CNBB), entre eles o da Comissão Episcopal Nacional (CEP), órgão coordenador de toda a Conferência, durante quatro anos, e o da Comissão Episcopal para a Amazônia, por seis anos.

Naqueles aguerridos anos 1970, dom Moacyr iniciava uma trajetória que já soma quatro décadas de lutas ao lado de seringueiros e outras minorias da Amazônia. Por seu trabalho junto dessas populações, ficou conhecido carinhosamente como o "arcebispo verde".

Nascido no litoral de Santa Catarina, dom Moacyr aprendeu a amar gradativamente o acriano, à medida que lutava pelos direitos desse povo. Foi trocando pouco a pouco o conforto da sacristia pelo contato direto com os desfavorecidos, posicionando-se ao lado dos seringueiros quando os confrontos com pecuaristas começaram a esquentar.

Alinhado à corrente que pregava a Teologia da Libertação,[3] tornou-se grande influenciador de jovens estudantes que a ele recorriam na opressão da ditadura militar. Em entrevista ao *site* da revista *Neo Mondo*, dom Moacyr revela o que motivou essa mudança de postura naqueles dias:

> Foi a confiança dos pobres no bispo em situações de injustiça e a persistência nessa confiança. A descoberta que ricos, autoridades e sulistas compradores de terra me enganavam e, para isso, até usavam de meu pouco conhecimento da população local e de meu relativo preconceito contra o povo da região. A descoberta pessoal, direta, de que o povo não mentia nem exagerava quando falava do que sofria por causa dos "paulistas", com total conivência das autoridades. Atrás de tudo isso, vejo agora a mão de Deus tentando me converter. Na presidência da CPT, durante a ditadura militar, também aprendi muitas coisas.[4]

Os ensinos de dom Moacyr foram fundamentais para a formação política de Marina Silva. Pode-se afirmar que sua desistência da vida monástica deveu-se à influência do arcebispo, primeiramente, e mais tarde a Chico Mendes e aos profetas da Teologia da Libertação, em especial Leonardo Boff e seu irmão, Clodovis.

Ela conhecia o bispo a distância, das ocasiões em que ele ia rezar missa no convento onde ela morava. *Gostava muito de suas mensagens, mas ficava constrangida porque ouvia as irmãs comentarem que "dom Moacyr era comunista", como se aquilo fosse um palavrão.*

Nesse período, ela começava a participar dos trabalhos nas Comunidades Eclesiais de Base (CEBs). Boa parte de seus integrantes guardava certa aversão às ideias difundidas pelos irmãos Boff, por dom Moacyr e pelo próprio Chico Mendes. Marina relembra:

Ouvir as críticas aos irmãos da Teologia da Libertação e a dom Moacyr, tachando-os de comunistas, me dava certa tristeza. Pessoas como dom Moacyr, Chico Mendes e João Maia, que na época era o advogado da Contag (Confederação Nacional dos Trabalhadores na Agricultura), eram tidas por más. Numa época de muitos assassinatos e violência, eles defendiam os seringueiros, que estavam sendo expulsos de suas terras, dos fazendeiros. Eu pensava: "essas pessoas defendem os seringueiros e os índios, e estão dizendo que são pessoas más porque são comunistas. Por que são más se defendem a gente? Por que ficar do lado dos fazendeiros é que é ser gente boa e correta?" Pensava então que os comunistas é que deveriam ser bons, porque estavam lutando por justiça.

Estava na igreja quando viu um cartaz, na sacristia, sobre o curso Liderança Sindical Rural, em que estariam presentes Clodovis Boff e Chico Mendes. Pensou que era a oportunidade de entender melhor a cabeça de um comunista. Inscreveu-se no curso com a desculpa de que o padre queria que o fizessem, uma vez que colara o cartaz na sacristia. As aulas seriam no fim de semana.

Marina lembra que a primeira parte da aula foi teórica. Clodovis Boff leu passagens tiradas do evangelho de Mateus, em que Jesus Cristo afirma:

> Porque tive fome, e me destes de comer; tive sede, e me destes de beber; era forasteiro, e me hospedastes; estava nu, e me vestistes; enfermo, e me visitastes; preso, e fostes ver-me. Então, perguntarão os justos: Senhor, quando foi que te vimos com fome e te demos de comer? Ou com sede e te demos de beber? E quando te vimos forasteiro e te hospedamos? Ou nu e te vestimos? E quando te vimos enfermo ou preso e te fomos visitar? O Rei, respondendo, lhes dirá: Em verdade vos afirmo que, sempre que o fizestes a um destes meus pequeninos, a mim o fizestes.[5]

Depois, passou a interpretar o texto à luz daquela teologia, mostrando que o cristianismo deveria ter um caráter transformador das realidades sociais, empenhando-se sempre por melhorá-las.

Ele pregava uma fé viva, que deveria se compadecer e se comprometer, que precisava ter um compromisso social para transformar o sofrimento das pessoas aqui na Terra, e não ficar simplesmente na abstração espiritual, sem se importar com a mensagem desse Jesus, que se deu integralmente de presente para nós. Ele usava como exemplo os seringueiros e os índios que estavam sendo expulsos de suas terras, e que eram os excluídos entre os excluídos. Aquela mensagem foi muito forte e esclarecedora para mim. Se aquilo era o comunismo, então eu queria ser comunista.

Enquanto Clodovis apresentava o conteúdo teórico, político-teológico, Chico Mendes testemunhava sobre a prática daquela filosofia em sua cidade natal, Xapuri, e em Brasileia, onde o trabalho das CEBs já avançava. Contava como os sindicatos eram usados para conscientizar as pessoas a fim de se organizarem em delegacias sindicais e nos movimentos dos seringueiros.

Clodovis Boff relembra um pouco de como foi esse período:

> Vivemos aquela atmosfera dos anos 1970/1980, a luta pela redemocratização, em que a igreja servia como um guarda-chuva de proteção social. A problemática, então, não era a evangelização, mas a redemocratização. Éramos a interface da igreja com esses movimentos sociais, dando esses cursos de formação política. Lembro-me de um deles que se chamava Curso de Análise da Realidade, um curso de conscientização social, enfatizando muito as Comunidades Eclesiais de Base. Não me recordo bem qual foi o curso que Marina fez. Talvez eu a influenciasse mais do que imaginasse, então.
>
> Lembro-me dela muito franzina. Não era muito religiosa naquela época; era, sim, uma revolucionária radicalizada, uma marxista clássica. Lembro-me de uma vez em que pegamos o mesmo avião — ela tinha medo de avião. Sentou-se a meu lado e fomos conversando sobre política. Aconselhei-a a ter cuidado, porque é melhor dar um passo ao lado de mil pessoas do que mil passos sozinha.
>
> Antes, o povo via na igreja uma defensora e protetora; a igreja instruía como construir um partido. Trabalhamos muito a linha social, e nos esquecemos da espiritualidade. Hoje, a igreja tenta recuperar seu discurso religioso, a dimensão mística da fé. Homem não é só política. Vem antes da política.

No final do curso, o grupo foi convidado a montar uma pequena encenação para ilustrar os conceitos aprendidos. Reuniram-se para elaborar um resumo do curso, e Marina traduziu-o em versos de literatura de cordel. Chico Mendes gostou muito e, no fim da apresentação, perguntou-lhe se estava familiarizada com o movimento seringueiro e com o trabalho do sindicato. Então, convidou-a para uma visita a Xapuri. Era o início do ano 1977.

Esse encontro mudaria o destino da aspirante a noviça.

A partir daquele dia, Chico Mendes incluiu Marina Silva em seu "*mailing*", passando a enviar-lhe periodicamente os jornais produzidos nos mimeógrafos dos sindicatos de trabalhadores rurais do Alto Acre: o boletim *Somos todos irmãos*, que sempre continha um texto bíblico interpretado à luz do trabalho social das CEBs, e esporadicamente o jornal *Movimento.*

O despertar da consciência política de Marina Silva ocorreu na época em que Carlos Alberto Libânio Christo, frei Betto, saía do autoexílio, vivido numa favela no interior de Minas Gerais. Antes disso, passara um período de quatro anos na prisão, de onde saiu em 1973. Após esse tempo de reflexão, frei Betto se voltou para o trabalho de articulação das CEBs, que lhe permitiu viajar para Rio Branco a fim de manter contato com dom Moacyr Grecchi.

Frei Betto não se lembra de Marina Silva nessa época em que ela era apenas mais uma simpatizante anônima das atividades políticas da Igreja Católica. Sua lembrança é de poucos anos depois, já militando no então incipiente Partido dos Trabalhadores, ao lado de Chico Mendes. Mas ele está convicto de que foram as sementes plantadas pelas CEBs, jogadas em terreno fértil — o do coração de voluntários engajados como ela —, que sustentaram teórica e teologicamente, a partir do fim da década de 1970, a luta contra as injustiças sociais e pela redemocratização do país.

Frei Betto avalia:

> No Brasil, graças ao trabalho das CEBs, do Movimento Fé e Política e da Teologia da Libertação, conseguimos evitar dois riscos que mundo afora não foram evitados. De um lado, a confessionalização da política. Você é cristã, eu sou cristão, então vamos fundar um partido cristão. Conseguimos evitar isso. As CEBs tinham tudo para se transformar num grande partido político antes do aparecimento do PT, e isso não aconteceu. Elas continuaram sendo um movimento de igreja, cujos militantes faziam sua opção político-partidária — claro que a maioria optou pelo PT —, mas nunca as coisas se misturaram.
>
> Você vai à igreja para nutrir a fé e ao partido para estimular a programática de sua militância política. Você não vai ao partido para orar e celebrar, nem às CEBs esperando encontrar uma candidatura, etc. Isso que conseguimos foi algo novo, e é uma alquimia raríssima no mundo todo.

O segundo risco evitado, segundo ele, foi o fundamentalismo.

> Não existe no Brasil — com algumas exceções à direita — um movimento cuja lógica política parta da fé, e não da racionalidade política. Por exemplo: a igreja diz que é contra o aborto, então vamos todos nós, cristãos, adotar uma postura contrária ao aborto. Quando Lula se posiciona, como

> cristão, contrário ao aborto, mas, como presidente da República, abre para discussão, mostra bem um exemplo de conquista desse tipo de separação.

Para frei Betto, as CEBs foram uma grande estufa de formação de lideranças políticas. A militância de muitos dos grandes nomes da política profissional no Brasil — como Luiza Erundina, Vicentinho, Marina Silva e o próprio Chico Mendes — teve origem nas reuniões dessas comunidades pastorais da igreja católica. Quem não passou pelas CEBs passou pela Ação Católica. Foi o caso de Walter Barelli e José Genoíno.

> Até o Henrique Meirelles (presidente do Banco Central) foi meu colega na Juventude Estudantil Católica (JEC). Quando participei do governo, eu brincava com o Meirelles: "Ei, Meirelles, e pensar que já fui seu dirigente...". E ele respondia de pronto: "Você foi meu dirigente na JEC de Anápolis (GO) por três anos, de 1962 a 1964!".

A JEC fazia parte daquela instância mais ampla, chamada Ação Católica, que separava os movimentos por setores.

> Toda essa liderança da esquerda brasileira não tachada de comunista veio das CEBs ou da Ação Católica, que era divida em AEIOU: J**A**C (para os integrantes do setor **a**grário) J**E**C (**e**studantes secundaristas) J**I**C (profissionais liberais) J**O**C (**o**perários) e J**U**C (**u**niversitários).

A articulação nessas comunidades crescia e ganhava espaço. Aos poucos, começava a fervilhar o movimento sindical no ABC paulista, de onde, poucos anos mais tarde, brotariam lideranças históricas, entre elas a do metalúrgico Luiz Inácio Lula da Silva.

Em 1978, Fernando Henrique Cardoso, Plínio de Arruda Sampaio e Almino Afonso retornavam do exílio, no Chile, trazendo na bagagem a ideia de fundar um partido político. Foram procurar frei Betto.

> Para ser curto e grosso, eles vinham com a forma, achando que frei Betto entraria com o recheio. Tinham uma visão a meu respeito que não

> correspondia à realidade. Aquela visão meio leninista de que eu fazia assim (estala os dedos) e as CEBs se curvavam. As CEBs não eram um movimento na igreja, elas são a própria maneira de ser da igreja, em sua base.

A respeito desse encontro, frei Betto escreveu:

> Multiplicava-se a militância das Comunidades Eclesiais de Base, quase cem mil núcleos Brasil afora. Encaravam-me os proponentes como se eu fosse o guru delas e, num estalar de dedos, fizesse vir correndo toda aquela gente na direção do Partido Socialista. Como se os militantes de base não houvessem aprendido nada em todos aqueles anos, nem conquistado autoestima e capacidade de caminhar com as próprias pernas.[6]

O grupo teve duas reuniões tensas em São Paulo. Queria fundar um partido socialista e reconhecia que a grande movimentação social acontecia no âmbito das CEBs. O Partido dos Trabalhadores (PT) só seria criado em 1980, e o Partido da Social Democracia Brasileira (PSDB) também não existia.

Frei Betto conta que se opôs à ideia de criar um tipo de Partido das Comunidades de Base (PCB). "FHC ficou furioso comigo, achando que eu mesmo desejava fundar um partido meu. Eu falei: não vou fundar partido. Mas sinto que vai surgir um novo partido desse processo social. Era uma intuição minha. E, de fato, dali, logo surgiria o PT". Ele escreve:

> Ao deixar a prisão me surpreendi com um movimento popular que não havia sido organizado por nós da esquerda carimbada, ornados de teorias professadas num lapidar rigor acadêmico que as transubstanciava em dogmas religiosos. Como fora possível? Como o povo se organizara se nós da "vanguarda", os dirigentes, estávamos na cadeia? Como criara movimentos de moradia, de luta contra a carestia, de mulheres, de negros, de indígenas, de direitos humanos... se nós, intelectuais, nós que conhecíamos bem o marxismo, a tática e a estratégia, nós que havíamos lido Engels e Gramsci, Trotski e Mao, Lênin e Althusser, nós, os timoneiros, não figurávamos à frente de seus movimentos? (Quanta pretensão!).[7]

Descobrir que ser cristão era poder interferir social e politicamente para melhorar a qualidade de vida dos pobres e dos excluídos foi uma grande revelação para Marina. Em pouco tempo, a jovem recém-saída da mata, recém-alfabetizada, recém-introduzida no universo urbano e na difícil realidade de um Brasil amordaçado pela repressão militar queria se fazer útil. Desejava pôr em prática o que aprendera, ajudando a implantar de fato o Reino de Deus na Terra. E, surpreendentemente, percebeu que a vida no convento não combinava com esse novo alcance, essa visão que se expandia.

Queria enxergar mais e estava com pressa.

capítulo 5

a grande virada

Marina já concluíra o supletivo do segundo grau, em 1977. Mas não pretendia parar por aí. Aproximava-se sua ida ao Rio de Janeiro, à Casa das Servas de Maria, onde faria os votos iniciais e, em seguida, os votos perpétuos, o que a tornaria finalmente uma freira.

Cerca de um ano após o curso que fizera com Clodovis Boff e que tanto a impactara, Marina era outra pessoa. O sonho de tornar-se freira ruíra. Já não considerava aceitável viver reclusa numa rotina religiosa segura e previsível enquanto o mundo pegava fogo.

Leonardo Boff acredita que o contato de Marina com a doutrina ensinada por seu irmão e por Chico Mendes teve nela o impacto de uma conversão.

> Historicamente, Marina Silva fez a sua virada biográfica e ideológica ao frequentar, em Rio Branco, aquele pequeno curso sobre fé e política para líderes populares e animadores de Comunidades Eclesiais de Base, ministrado por Chico Mendes e frei Clodovis Boff. Ali ela percebeu como funciona a sociedade capitalista e como deve ser nossa missão, que é de transformá-la a partir de baixo, com práticas alternativas de democratização, de participação popular e da articulação da página da vida com as páginas da Bíblia.

Essa mudança radical de planos, no entanto, desencadeou na jovem Marina uma crise ética. Inquieta, foi conversar com a madre superiora, irmã Firmina, que não apenas se mostrou compreensiva, mas considerou digna a atitude de Marina de desistir antes do noviciado, atitude não muito comum entre as postulantes. Em geral, disse a madre, as meninas vão ao Rio de Janeiro, estudam e só depois descobrem que não têm vocação.

De volta à casa de Aurélio, seu tio, Marina desejava concentrar-se nos estudos. Aurélio, também um estudante tardio, incentivou a sobrinha a estudar e pagou sua matrícula num curso convencional de segundo grau. Com isso, Marina pretendia aperfeiçoar os parcos conhecimentos adquiridos no supletivo.

O gosto por estudar parece estar impregnado na família. Aurélio, seringueiro durante a juventude, mudou-se para Rio Branco nos anos 1970 e lá estudou até chegar a ocupar o cargo de escrivão. Muitos anos depois, na década de 1980, realizou o sonho de cursar faculdade, de onde sairia diplomado em Pedagogia, pela Universidade Federal do Acre. Aos 70 anos de idade, concluiu o curso de Direito.

Aurélio faleceu em 2007 e sua mulher, Maria Augusta Lima Moraes, a tia Mariquinha, lembra o tempo em que Marina chegou a sua casinha de madeira, em 1977, na rua Fausto Robalo, onde ficaria por três anos. Ela conta que Marina reclamava muito de dores nas pernas. "Não temos nada a oferecer, mas se quiser o amparo do sol e da chuva, pode vir para cá", disse à sobrinha, exibindo o veio poético da família. Da casa dos tios, Marina só sairia para casar-se, em 1980.

Nessa época, Marina oferecia apoio às famílias mais carentes da periferia. O contato com o trabalho das CEBs renovou-lhe a vitalidade. Como a própria Marina lembra, ela "entrou de cabeça" no movimento. Pouco tempo depois, ela assumia a coordenação das CEBs, na Paróquia do Cristo Ressuscitado. Progressivamente Marina foi se identificando com aquele tipo de trabalho, percebendo uma vocação nata para a militância no movimento social popular.

Boff acredita que a vitalidade da Igreja Católica do Acre "residia nas dezenas de CEBs que articulavam fé e política e a assim denominada busca dos bens do Reino — como justiça, dignidade e direitos humanos — com a luta política, expressa na organização dos seringueiros, na alfabetização dos ribeirinhos e na defesa dos indígenas. O conjunto de princípios que inspirava tais práticas era a Teologia da Libertação, que tinha em Clodovis um de seus melhores formuladores, não só no campo do pensamento, mas também do trabalho com o povo pobre. Criou-se um verdadeiro movimento dentro do qual surgiram lideranças que se projetaram no cenário local e nacional, como o governador Jorge Viana, seu irmão, senador Tião Viana, Binho Marques, a própria Marina Silva".

Ao comparar o que ocorria no extremo do Brasil, no longínquo Acre, com os movimentos que já se articulavam fortemente na região do ABC paulista, impulsionados pelos metalúrgicos, Boff acredita que a perspectiva de fundo "era e continua a mesma: partir dos oprimidos, contra sua opressão e a favor da vida e da liberdade. É daí que nasce a perspectiva libertadora, seja no mundo do trabalho no ABC, seja na floresta amazônica. Um vento libertador soprava por todas as partes, e atingiu os sindicatos, os setores importantes dos partidos e grande parte das igrejas, especialmente da católica, dentro da qual Marina se inseria como uma de suas lideranças mais atuantes e convincentes. Essa energia histórica era mais forte que os controles da opressão e acabou dando novo rumo à história contemporânea. Em grande parte, ainda vivemos sob a influência daquele sopro irrefreável".

Deixar o convívio das Servas de Maria permitiu que Marina se doasse integralmente às assembleias, participando de cursos e reuniões em sindicatos. Passou a visitar Xapuri com mais frequência, aproximando-se da causa dos seringueiros e da liderança de Chico Mendes, cujo grito já reverberava em defesa das populações ameaçadas pelos fazendeiros que chegavam do "Sul".

Em 1979, aquele "sopro irrefreável" foi, contudo, brevemente enfraquecido em Marina, que ouviria, da boca de outro médico de Rio Branco, sua segunda sentença de morte.

"A paciente do 96 insiste em saber o que ela tem, mas não vou dizer, porque o que ela tem é cirrose, e ela vai morrer". Na sala dos prontuários, a enfermeira da Santa Casa de Rio Branco conversava com o médico que tratava de Marina, acometida de outra hepatite. A paciente, no entanto, escutara a conversa por acaso, uma vez que o banheiro da enfermaria ficava próximo de onde os dois falavam.

A saúde declinava mais uma vez. A fraqueza, o desânimo, tudo voltara, mas com força. Marina pediu aos médicos que a liberassem, pois sabia que, se permanecesse ali, na ala dos indigentes, a sentença se cumpriria. E ela não admitia ter de trocar esse intenso pulsar de vida por um decreto de condenação. Nutria muitos sonhos, sonhos novos, sonhos de justiça. De guerrear em favor dos que não tinham, como ela, oportunidades. Queria prestar vestibular e estudar para ser professora, ensinar crianças a ler. Ensinar-lhes história, dar-lhes armas para também lutar. As armas do conhecimento. Não, não teria sua história interrompida tão cedo.

Marina precisou assinar um termo de responsabilidade, de que abandonava o tratamento plenamente consciente de que seu estado era gravíssimo. Assinou. Já tinha uma estratégia: se havia alguém no mundo que poderia ajudá-la, essa pessoa se chamava dom Moacyr. Embora não o conhecesse pessoalmente, sabia de sua dedicação às causas de tantos outros infelizes.

Eu sabia que ele saía cedo para seu trabalho nas comunidades, então fui para a igreja onde ele ficava. Eu sofria, nessa época, de forte hipoglicemia. Ao descer do ônibus senti-me tão mal que precisei me sentar na entrada de uma loja. Estava tão fraca que tive de me deitar. Escutava as pessoas passando e falando: "essa aí deve ser mulher da vida, passou a noite bebendo cachaça e agora fica aí, deitada". Coloquei o braço sobre o rosto porque não queria que as pessoas achassem que eu havia passado a noite na prostituição, me embriagando. Quando fui melhorando, atravessei a rua e me dirigi à igreja. Estava magrinha, magrinha. Cheguei ali e disse: — Quero falar com o bispo.

— Minha filha, isso não é assim, não — respondeu-lhe a recepcionista. — Você precisa marcar hora para falar com o bispo. Ele é um homem muito ocupado.

Estava para argumentar que era questão de vida ou morte, quando ouviu, do alto da escada, uma voz.

— O que é que essa moça quer, Maria?

— Ah, ela quer falar com o senhor, e eu estou dizendo que ela precisa marcar.

— O que é que você quer, minha filha? — perguntou dom Moacyr a Marina.

— Estou muito doente, o médico disse que eu vou morrer, e eu queria que o senhor me mandasse para São Paulo.

Marina se emociona ao lembrar esse episódio. Conta que dom Moacyr desceu as escadas, olhou-a nos olhos e perguntou:

— Você tem como conseguir a passagem?

Não tinha um tostão, nem ideia de quanto custava um bilhete de avião para São Paulo, mas respondeu:

— Tenho.

— Se você tiver como conseguir a passagem, eu consigo um hospital para você.

— Então, quando eu conseguir a passagem, posso voltar aqui?

— Pode.

Fechado o acordo verbal, tomou um ônibus de volta ao seringal, para contar ao pai o ocorrido. Seu Pedro vendeu porcos, galinhas, feijão. Tios e primos entraram com uma cota e, juntos, conseguiram levantar o dinheiro da passagem. Só de ida.

Dom Moacyr recorda que nessa época tinha contato com um hospital em São Paulo, para onde costumava encaminhar muitos doentes e necessitados.

> Naqueles anos era muito comum eu conseguir uma vaga no Hospital São Camilo, dos padres camilianos, para pessoas que precisassem de tratamento especializado. Foram dezenas de casos. Ligado à Ordem dos Camilianos, havia um grupo de mulheres (no Acre, essas mulheres consagradas cuidavam dos hansenianos) que buscava no aeroporto os doentes que eu lhe enviava e os internava no hospital. As mulheres acolhiam os doentes com alta, mas ainda fracos, numa casa que mantinham, perto do hospital. Quanto às passagens aéreas para esses casos, sempre que eu as solicitava, a Vasp me atendia. Eu já tinha esquecido completamente o caso da Marina. Só lembro que era uma menina tímida, magrinha. Foi a própria Marina, sempre muito generosa na gratidão, que lembrou o fato.

Foi nessa viagem que Marina encontrou Clodovis Boff e admitiu que estava morrendo de medo de andar de avião, temor que ela carrega até hoje.

Os médicos do São Camilo descobriram que Marina não produzia enzimas digestivas por causa das sequelas da hepatite. Receitaram mais plasil enzimático e uma dieta à base de papaia, iogurte natural e queijo fresco, alimentos aos quais ela nunca antes tivera acesso. A mudança do hábito alimentar ajudou-a novamente, e ela começou a se sentir melhor e a ganhar peso.

Três meses mais tarde, ela voltou a Rio Branco, mas continuou a se alimentar à base de arroz e carne magra grelhada.

Seu histórico de enfermidades hepáticas resultou num quadro de alergias e restrições alimentares. Não come carne vermelha, frutos do mar e laticínios; come muito pouco açúcar. Aos corantes precisa ficar atenta, muita coisa a prejudica. É um dado que já lhe causou constrangimentos ao representar o Brasil. Em viagem a Pequim, China, ainda como ministra do Meio Ambiente, participou de um jantar de gala oferecido a chefes de Estado e ministros. Na ocasião, teve de recusar várias opções de pratos, causando desconforto aos anfitriões, pois rejeitar comida é uma ofensa grave para os chineses.

Mas de todos os prazeres que lhe restaram à mesa, poucos se comparam a poder chupar sete picolés de puro açaí, por dia, sempre que visita Rio Branco.

capítulo 6

o princípio da militância

A fumaça subia dos campos no Vale do Juruá e Alto Acre quando Marina despertou para seu chamado junto aos movimentos sociais, no fim dos anos 1970. Os pecuaristas investiam com ímpeto contra as matas, para aplaná-las e dar lugar ao gado. Os jagunços mandados pelos novos senhores da terra chegavam ateando fogo em tudo, barracos, lavouras, matando animais e pessoas com a mesma fúria e perversidade. Os decibéis subiam com o ronco das motosserras.

Entre 1970 e 1975, apenas na região de Xapuri e de Brasileia, 10 mil famílias de seringueiros foram expulsas de sua casa. Dessas, aproximadamente 4 mil mudaram para cidades vizinhas, engrossando o cinturão de miséria já existente na região. Outras rumaram para a Bolívia, a fim de tentar a sorte nos seringais, mesmo vivendo clandestinamente.[1]

Em 1975, Wilson Pinheiro reforçou sua liderança entre os camponeses de Brasileia, organizando-os politicamente. Xapuri foi o segundo município a ter um sindicato, dois anos mais tarde, sob a batuta de Chico Mendes. A articulação política dos seringueiros melhorava à medida que os conflitos aumentavam.

O país ainda respirava a densa atmosfera da ditadura militar e, no âmbito da política partidária, os brasileiros tinham apenas duas opções oficiais no sistema eleitoral: a Arena (Aliança Renovadora Nacional) e o MDB (Movimento Democrático Brasileiro). Sem muita escolha, os intelectuais de esquerda se abrigavam no MDB, que tinha, em tese, uma linha mais progressista. Ou então militavam em partidos clandestinos. Marina Silva e Chico Mendes entraram para o PRC (Partido Revolucionário Comunista).[2]

Curiosamente, não foram os sindicatos, mas o teatro que serviu de ponte entre o universo religioso e o político-partidário. Em 1979, um pouco antes de conhecer Raimundo, que viria a se tornar seu primeiro marido, Marina inscreveu-se num grupo de teatro amador chamado Semente, frequentado por cabeludos esquisitos já engajados politicamente na luta contra a ditadura.

Foi num cartaz — sempre os cartazes na minha vida, eu gosto de olhar para os cartazes — colado na parede de uma escola, numa praça que fica em frente à prefeitura. Dizia assim: "Grupo Semente oferece curso de teatro". Ficava no bairro do Bosque, perto do lugar onde eu tinha trabalhado como doméstica. Liguei na mesma hora e me inscrevi no curso.

O encontro era aos sábados e domingos à noite, e a turma era dirigida por Francisco Dourado e Henrique Silvestre, ambos, hoje, professores da Universidade Federal do Acre. O curso oferecia noções teóricas sobre o Teatro do Oprimido, de Augusto Boal,[3] mas havia divergências ideológicas sutis entre os dois diretores. Enquanto Dourado trabalhava por uma visão politicamente transformadora, Silvestre preferia uma arte menos utilitária e mais livre.

Foi ali que, pela primeira vez, Marina ouviu falar em Berthold Brecht[4] e em Vladimir Lenin. Teve de ir à biblioteca municipal para descobrir quem eram esses homens sobre os quais os diretores falavam com tanta reverência. Era comum recorrer à biblioteca, à época bastante precária, para pesquisar nomes e assuntos para ela totalmente desconhecidos.

O teatro permitiu que ampliasse consideravelmente seu repertório, embora não tenha sido um convívio ameno. Alguns de seus membros eram ligados a correntes trotskistas, como o movimento Liberdade e Luta (Libelu) e até os menos radicais implicavam com quem estivesse de alguma forma ligado à religião.

O grupo de teatro olhava-me de maneira preconceituosa. Eles me chamavam de igrejeira. "Marina é igrejeira", eles diziam.

Um dos objetivos da ala menos polida da turma era dar um fim à pureza franciscana de Marina. Muitos anos mais tarde, ela ficaria sabendo de uma aposta feita entre colegas do teatro. Tinham apostado com Cacá, um dos amigos, quanto tempo ele levaria para acabar com a candura de freira de Marina. Cacá acabou perdendo a aposta.

Sexo, drogas e muito Chico Buarque e Milton Nascimento embalavam esse microcosmo contracultural, mas, para Marina, que não tinha namorado e nem podia com drogas, restava cantarolar *Maria, Maria* e representar. Ela garante que nunca fumou maconha porque tinha medo de possíveis reações, por seu passado de doenças e alergias, e porque não admitia ser dependente de nada. Não queria *usar nada que anestesiasse minhas dores psíquicas*.

Entre os colegas que a viam com olhar enviesado, estava Binho Marques, que também se enquadrava na ala dos "caretas", não fumantes de erva. Filho de família rica, era o "burguesinho" da turma, o único que tinha carro. Binho lembra bem aquele tempo:

> Era uma época em que proliferavam grupos amadores de teatro em Rio Branco, cada um ligado a uma facção política. O teatro, na verdade, era um chamariz. Foi a partir dali que comecei a participar das reuniões da Organização Socialista Internacionalista (OSI) e virei um militante trotskista. O teatro era só um pretexto, e eu na verdade o detestava. Nós, os trotskistas, tínhamos muito preconceito contra os militantes ligados à Igreja Católica, às Comunidades Eclesiais de Base. A gente os chamava de igrejeiros — e Marina era uma igrejeira; era quase uma inimiga. Ela usava o cabelo *black power*, uma juba enorme, tinha um pente de madeira de onde saíam uns arames para armar o cabelo ao máximo. O visual era radical, mas sua fala era precisa, difícil de combater.

Um desses grupos chamava-se Fragmentos, que a certa altura decidiu unir-se ao Semente para trabalhar também com adolescentes carentes. Júlia Feitosa fazia parte do Fragmentos e se tornou amiga de Marina. Com ela cursou a faculdade e formou, ao lado de Binho, um trio inseparável. Júlia é uma das fundadoras do PT no Acre, juntamente com Marina, Abrahim Farhat, Nilson Mourão e João Maia. Quando este livro era escrito, ocupava o posto de assessora especial do Governo do Estado para a área social.

Até unir-se ao Grupo Semente, Binho levava uma vida politicamente alienada. Gostava mesmo era de ciência e de discos voadores. Chegou a criar com amigos o Grupo Dimensões de Assuntos Ufológicos e Paranormais (GDAUP). Por influência do pai, montou com os colegas do ensino médio, então colegial, um jornalzinho para arrecadar recursos para "pesquisa". No entanto, o jornal, que era para ser de fofocas, acabou tratando de assuntos mais sérios, como reforma agrária e outras questões sociais.

> A partir daí é que "caí na teia" dos militantes. Eu levava uma vida pequeno-burguesa. Mas, em vez de ficar pensando em ostentar, a gente gostava de ciência, de discos voadores. Como o Acre já foi um grande lago, esta é uma região riquíssima em fósseis, e a gente queria juntar dinheiro para descobrir esse outro lado.

Por causa do enfoque dado ao jornal, Binho passou a participar de um universo mais engajado. Já havia um movimento cultural forte na cidade, que organizava cineclubes e promovia *shows*. A militância se dava na universidade e nos braços sociais populares, uma vez que não havia nenhum partido nem sindicato forte.

Questionado sobre o que o grupo buscava, o governador do Acre disse: "O que a gente queria? A gente queria era bagunçar. Queria fazer a revolução, era isso que a gente queria".

O primeiro papel de Marina Silva no Grupo Semente, que se reunia no antológico Teatro Horta, não foi nada sofisticado. Ela interpretou um cacto. Tratava-se de um rápido esquete em que passava o tempo todo ajoelhada no palco, com os braços estendidos.

Marina ficou mais conhecida pelo trabalho como macaca Chita, que lhe rendeu um apelido para o resto da vida. Chita era um chimpanzé imperialista, que, ao lado de Tarzan, planejava invadir a Amazônia. Por causa da interpretação na pele de Chita, passou a ser chamada de "Macaca" por todos os amigos mais próximos.

Mas os dotes como atriz não fizeram tanto sucesso quanto os de figurinista. Como herdara da mãe a habilidade de costurar, ajudava nos figurinos com os parcos recursos de que o grupo dispunha.

A rotina de Marina era intensa: trabalhava nas comunidades de base durante o dia, estudava à noite e, nos fins de semana, dedicava-se ao teatro.

Vendo a vida dura que levava, tios e primos tentaram arrumar-lhe um namorado. Era um rapaz bem mais velho, que a convidara a ir ao cinema. O problema, além da idade, é que ele era motorista de táxi, uma classe de reputação duvidosa no bairro, por transportar homens maduros a locais obscuros e pela fama de mulherengos. Aceitou o convite meio a contragosto.

Ai meu Deus do céu, eu pensei, esse homem é bem mais velho do que eu, deve ser cheio de maus costumes... Meu preconceito era grande.

Mal respirava enquanto assistia ao filme, tamanha a tensão. Lembra que era a história de Hércules, onde o herói mitológico atirava pedras enormes, e as pedras, provavelmente feitas de isopor, saíam pulando.

O Hércules jogava as pedras, e elas quicavam. E eu ali, compenetrada, nem piscava vendo aquela "obra de arte". De repente, o homem fez assim com o braço por cima da cadeira (ela estende o braço como quem vai abraçar a pessoa que está ao lado). *Eu peguei a mão dele com a ponta dos dedos e a tirei. Foi a primeira e a última vez que ele quis sair comigo.*

capítulo 7

o casamento

O começo da década de 1980 trouxe mudanças drásticas na vida de Marina. O sonho da faculdade parecia mais próximo que nunca. Seu amigo Alberto Rocha viera avisá-la no meio de uma madrugada: "Macaca, tu passou! Acorda, Macaca", insistiu. Ela fora aprovada no vestibular da Universidade Federal do Acre, para o curso de História.

Marina, agora, era uma mulher casada. Raimundo Gomes de Souza era vigilante na Assembleia Legislativa em Rio Branco quando foi convidado pela jovem magricela a desenhar cartazes (de novo, os cartazes) para uma ação de conscientização social da Comunidade Eclesial de Base durante o feriado da Páscoa, em 1980. Raimundo desenhava bem, e a amizade logo virou namoro. Eles se casaram em 1981, no civil, e uma semana mais tarde, numa cerimônia religiosa, no Seringal Bagaço.

Marina e Raimundo foram morar numa pequena casa cedida pela paróquia a que Marina servia, na mesma rua Fausto Robalo. O jovem casal ali permaneceu quase um ano até conseguirem comprar uma casinha no bairro do Tangará, um projeto habitacional que construía residências precárias, de apenas um cômodo e um banheiro.

O programa de moradia popular entregava apenas a fundação e o esqueleto da casa, as paredes tinham de ser erguidas pelos donos. Binho Marques lembra ter passado muito frio naquele lugar na fase anterior à construção das paredes, quando a casa era toda envolvida por um enorme plástico preto. Sim, no Acre também faz frio, em especial nos meses de junho e julho, quando massas de ar polar chegam do Pacífico e derrubam a temperatura para perto de um dígito. O fenômeno é conhecido no Estado como "friagem".

Demorou até o casal juntar recursos financeiros para se livrar do plástico preto e erguer as paredes.

Quando engravidou de Shalon, sua primeira filha, Marina já trabalhava como monitora da Fundação Nacional de Assistência e Bem Estar do Menor (Funabem), cadastrando menores da periferia, batendo de porta em porta para anotar seus dados. Certa vez, aos cinco meses de gravidez, levou um tombo feio na rua, e Binho acudiu-a em seu carro, levando-a para o hospital. Foi novamente atendida na ala dos indigentes. Binho voltou para vê-la, mas a visita sem hora marcada era prerrogativa da família. Ele disse que podia, sim, entrar, porque afinal de contas era o marido da acidentada.

Poucas horas depois, Henrique Silvestre, diretor do Semente, apareceu para uma visita e usou o mesmo argumento: "Sou o marido dela, me deixe entrar". Beto Rocha, companheiro de teatro, figura espalhafatosa que só tratava Marina por "Macaca", também quis visitá-la e usou pretexto semelhante.

— Quero ver a Macaca.

— Não pode, só amanhã.

— Mas eu sou o marido, sou o pai da criança!

À noite, apareceu Raimundo: "Vim visitar minha mulher, que está internada, a Marina". A enfermeira entrou no quarto e perguntou: "Escute aqui, maninha, afinal quantos pais tem essa criança?".

Raimundo passara num concurso da Embratel e agora trabalhava como técnico, consertando aparelhos de teleimpressão. Tinha o segundo grau completo e um curso técnico em eletrônica feito por correspondência no Instituto Universal. Com essa bagagem precária, inscreveu-se no concurso e passou na primeira. Foi para o Rio de Janeiro para ser treinado durante seis meses para então ser contratado.

Pouco antes de Shalon vir ao mundo, Marina dava início a uma das grandes aventuras de sua vida. Aos oito meses de gravidez, deu início ao curso de História na Universidade Federal do Acre.

Quando entrou em trabalho de parto. Foi levada para a maternidade, onde sofreu uma queda de pressão. Não conseguia abrir os olhos, sentia-se prostrada. A enfermeira gritava para que ela fizesse força, senão o bebê poderia morrer.

Ela gritava: bota força, sua louca, ou você vai matar sua filha. Era uma parteira-prática, sem nenhuma formação, que ajudava no atendimento. Outra parteira mais experiente, irmã Constância, entrou e ouvi quando ela disse: "Tragam o fórceps; esta mulher está morrendo".

A dor era terrível e Marina só pôde ver o bebê rapidamente, antes que fosse levado para a limpeza. Era uma menina, negra como ela, e não branca como o pai. Nasceu às nove e vinte da manhã. Demorou até que levassem Shalon para a mãe amamentá-la. Quando a trouxeram, já no fim da tarde, o bebê "estava" branco. Marina levou um susto e começou a fazer um escândalo. Disse que as enfermeiras haviam trocado a menina, que aquela não era sua filha. Sua filha era negra. Elas garantiam que não, aquele bebê era dela, sim senhora.

Fui tirando a roupinha dela para procurar algum sinal no seu corpo que indicasse que aquela era mesmo minha filha. Revirei a menina. Encontrei, nas costas dela, uma marca de pele avermelhada, idêntica à que sua avó, dona Raimunda, tem no peito.

Viu também manchas roxas em suas costas, do fórceps, e notou que a cabeça estava inchada. E deduziu que tinha visto o bebê "negro" ao nascer porque deveria estar quase morrendo.

Shalon passava boa parte do tempo sob os cuidados da avó, Raimunda, a mãe de Raimundo. Hoje, é a neta quem cuida da avó. A ex-sogra de Marina mora com ela em seu apartamento, em Brasília.

A filha mais velha de Marina tem 29 anos, é psicóloga clínica, pós-graduada (*lato sensu*) em Teoria Psicanalítica, pela Universidade de Brasília (UnB). Trabalha como psicoterapeuta, especializada em crianças e adolescentes e em transtornos psíquicos graves. Ela relembra com carinho os tempos duros da infância:

> Apesar de suas inúmeras atividades, minha mãe sempre foi muito presente. Mas ela nos criou com a ajuda de outras mulheres, todas muito fortes, como a minha avó paterna, Raimunda, a tia Chiquinha, e a mãe do Fábio, meu padrasto, a dona Neide. Elas nos ensinaram muita coisa, ajudaram em nossa formação.

Não dá para dizer que eu não sentia falta da minha mãe, assim como toda criança quando a mãe sai para trabalhar. Mas cedo já entendia um pouco da dura realidade acriana, em que muitas famílias tinham que lidar com muitas "faltas": falta de esgoto, falta de saúde, falta de segurança. Também escutava as conversas de minha mãe com Chico Mendes, dizendo que faltava quem lutasse pela defesa do meio ambiente.

Cresci nesse universo, aprendendo a sentir orgulho de saber que, quando minha mãe não estava em casa, era porque ela estava fazendo "História" junto aos que conviviam conosco: Chico Mendes, Binho Marques, Júlia Feitosa, Naluh Gouveia, Jorge Viana, Tião Viana. Essa turma unida, e muitos outros, ajudaram a mudar a realidade social e ambiental no meu Estado.

Shalon dá risada quando lembra fatos pitorescos da infância ao lado de Danilo, segundo filho de Marina, e da capacidade de improviso da mãe, diante das limitações.

Nossa convivência sempre foi muito espontânea, lembro-me dela embalando nossa rede, cantando músicas das quais nos lembramos até hoje, sonhando, brincando, mediando briguinhas entre irmãos. Às vezes improvisávamos brinquedos, outras vezes os ganhávamos.

A minha infância e a do Danilo foram um pouco mais difíceis do que a da Moara e da Mayara. Mas não muito, porque nunca fomos ricos. Mesmo assim, nunca nos sentimos pobres. Sempre tivemos ótimas oportunidades. Uma delas foi estudar em um dos melhores colégios de Rio Branco, com bolsa de estudos, porque minha mãe era professora do colégio. Lembro que por ser uma escola particular, as crianças comentavam sobre coisas às quais não tínhamos acesso.

Uma vez, um colega comentou comigo que tinha tomado um banho rápido de chuveiro para não chegar atrasado à escola. Em casa, perguntamos para a nossa mãe o que era um chuveiro. Naquela época, na maioria das casas humildes, o banheiro ficava do lado de fora da casa. A gente tomava banho jogando a "lata d'água na cabeça", fazendo a maior festa!

Minha mãe sempre teve um talento incrível para improvisar. E improvisou um chuveiro. Fez vários furinhos na lata e colocou um pequeno reservatório de água acima dela, que jorrava água como um chuveiro. Essa é uma das lembranças mais emocionantes que tenho da minha infância pela criatividade, pela arte da brincadeira e pela força que minha mãe tinha para nos incluir, mesmo em situações difíceis.

Então, no outro dia, pudemos dizer ao colega que tomar banho de chuveiro era realmente ótimo, mas seria difícil não se atrasar para a escola, pois era muito divertido!

Danilo é um jovem discreto, avesso à exposição. Ele trabalha em Brasília, na área de informática. Marina fala do filho com especial ternura:

Danilo nasceu de parto sem dor. Era um bebê muito grande, mas mal o senti nascer. Talvez tenha sido um prenúncio de seu perfil discreto. Determinado, decidiu, aos doze anos de idade, que ia estudar inglês para ler Shakespeare na língua original. Tendo o domínio da língua, começou a pesquisar sobre programação de computador em interfaces com a internet, e hoje é um bom profissional nessa área. Na família, ele age como um polo de harmonia entre as irmãs, que sempre recorrem a ele, mesmo nos momentos mais tensos. Ele é um braço auxiliar do Fábio nas disputas da ala feminina da família, as três irmãs e a mãe.

A senadora se diz contente porque todos os filhos procuraram caminhos independentes, preferindo "acender a própria lamparina a se acomodar sob o refletor da mãe, tanto no período escolar como nos estágios que fizeram e no emprego fixo, conseguido por concurso, como o caso da Shalon. Nunca apelaram para a influência materna".

O casamento com o pai de Shalon e Danilo durou cinco anos. Marina não gosta muito de falar sobre esse tempo, um período sofrido, segundo ela.

É um misto de boas lembranças e de lembranças tristes. Ele é uma pessoa muito boa, o problema era quando bebia. Essa foi a razão de nossa separação.

capítulo 8

e a onça bebeu água

No ápice das turbulências sociais que assolavam o Acre, o líder sindical Wilson Pinheiro foi assassinado por fazendeiros dentro do Sindicato Rural de Brasileia, em julho de 1980. A indignação tomou conta dos sindicalistas e seringueiros, que clamavam por vingança. Um ato de protesto foi organizado pela Contag para o dia 27 de julho, e o líder sindicalista, já nacionalmente conhecido, Luiz Inácio Lula da Silva viajou ao Acre para participar do encontro, ao lado do colega Jacó Bittar, então secretário-geral do Partido dos Trabalhadores, de José Francisco, então presidente da Contag, de João Maia, diretor da entidade, de Chico Mendes, além de outras lideranças locais.

Foi um batismo de fogo para o metalúrgico. Num discurso inflamado em Brasileia, Lula saudou os milhares de trabalhadores ali reunidos com palavras de ordem, onde exibia seu inconformismo. Culminou o brado que entraria para a história política do Estado: "É chegada a hora da onça beber água".

No dia seguinte, o clima ficaria ainda mais tenso. O fazendeiro Nilo Sérgio, apontado como mandante do crime, foi assassinado pelas mãos de trabalhadores rurais do município. A visita de Lula ao Acre terminou com seu enquadramento, junto com Chico Mendes, Bittar e João Maia, na Lei de Segurança Nacional, sob a acusação de "incitar a luta de classes por meio de violência".

Treze seringueiros foram presos, acusados da chacina contra o fazendeiro. Passaram quatro meses na penitenciária de Rio Branco, sendo libertados depois, por falta de provas. Lula e os demais só foram absolvidos muitos anos depois, durante o governo de José Sarney, quando houve um acerto de contas com o entulho autoritário dos tempos da ditadura militar.

Numa entrevista concedida três meses antes de morrer, em 1988, Chico Mendes relembrou esse período tenebroso:

> Naquele momento, todos viviam nas matas, ninguém tinha consciência de luta. Os filhos de seringueiros não tinham o direito de ir à escola, pois aprenderiam a fazer contas e descobririam que estavam sendo roubados; então os patrões não permitiam. [...]
>
> A partir de 1975 começa a nascer uma consciência. Organizam-se os primeiros sindicatos rurais junto com um trabalho da igreja católica. Mas tudo ocorrendo muito lentamente, até 1980, quando se generalizou pela região o movimento de resistência dos seringueiros para impedir os grandes desmatamentos. Foi criado o famoso "empate", forma que encontramos de, em mutirão, nos colocarmos diante dos peões, das motosserras, iniciando um trabalho no sentido de impedir os desmatamentos.
>
> Esse movimento era de homens, mulheres e crianças. As mulheres tiveram um papel muito importante como linha de frente, e as crianças eram usadas como forma de evitar que os pistoleiros atirassem. Tínhamos uma mensagem para os peões: nos reuníamos com eles e explicávamos que, destruindo a floresta, eles não teriam mais como sobreviver e, assim, muitas vezes, contávamos com sua adesão.
>
> O inimigo maior era a polícia contratada pelos fazendeiros. Nesse período ocorreram muitas prisões e pancadarias.[1]

Ao lado do grande mentor, e sob a influência de dom Moacyr Grecchi e dos novos ensinamentos de cunho marxista, a jovem Marina partiu para uma atuação marcante pelo interior do Acre. Quando não estava liderando empates, podia ser encontrada em alguma canoa, descendo rios, para levar alimentos ou simplesmente apoio moral aos povos que tentavam se articular e resistir contra a expulsão de suas colônias.

Numa dessas ocasiões, Marina e uma companheira da Comissão Pastoral da Terra, chamada Selma, foram enviadas por dom Moacyr a uma região de conflito para levar alimentos, de barco, onde, segundo ela, "havia trabalhadores amotinados e patrões ávidos por assassinar pessoas". Ela tinha vinte anos de idade e sua colega, uns 17. Ao chegarem, a atmosfera estava tensa. Temeram pela própria vida.

Anos mais tarde, ao perguntar a dom Moacyr como ele tivera coragem de depositar tanta confiança em duas jovens inexperientes para cumprir uma missão numa área remota e perigosa, ouviu do arcebispo uma resposta desconcertante: "Minha filha, quando a gente não tem quem mandar, manda qualquer um mesmo".

Como os jovens chineses que enfrentaram os canhões do Exército Popular de Libertação, na Praça da Paz Celestial, em Pequim, em 1989, os camponeses acrianos também escreveram uma página na história da resistência à ocupação, pelo latifúndio, das novas fronteiras brasileiras. Em vez de encarar tanques de guerra, negociavam com pilotos de motosserra, abraçavam árvores, espalhavam mulheres e crianças pelo interior das fazendas para impedir o desmatamento das seringueiras e a posse de suas colônias.

Marina tornou-se especialista em empates. Teve, em casa, um bom professor. O pai, seu Pedro, lembra dois ou três dos quais participou, quando a filha ainda morava no Seringal Bagaço. Foi no ano de 1972.

> Nóis levava o teçado (facão), a espingarda, trazia aquele povo todinho, quinze, vinte homens, as vêis até mais. Eles trabalhavam tudo com motosserra, uns brocando o mato fino outros derrubando de motosserra aquela picada, e a gente chegava e dizia: cêis para o serviço. Eles aceitavam, pegavam as coisa e ia pa estrada. Na nossa área nunca houve violência, mas em outras houve. Marina era garota quando fiz esses empate, ela estava em casa ainda.

Os empates prosseguiram pela década de 1980, e Marina participou ativamente desses atos de protesto. A Comissão Pastoral da Terra, da Igreja Católica, calcula que 320 pessoas foram assassinadas exclusivamente por causa desses conflitos, mas tudo indica que o número é maior. Entre os mortos, lideranças de uma lista que inclui Wilson Pinheiro e o próprio Chico Mendes. Uma celebração anual, chamada Romaria dos Mártires, homenageia, em Xapuri, esses valentes que deram a vida por defender seu pedaço de chão da cobiça dos "paulistas".

De todos os empates, um ficou marcado como grande motivador do assassinato de Chico Mendes: o empate do Cachoeira, em 1987. Francisco Ramalho de Souza, um dos membros da primeira direção do sindicato em Xapuri, relembra que mais de cem pessoas, envolvendo crianças, mulheres e até idosos, se mobilizaram para "empatar" o desmatamento daquele seringal, próximo do município.

> Foi um marco na trajetória dos sindicatos dos seringueiros. Todo mundo estava envolvido naquele empate. Ali foi a gota d'água, e em consequência do empate do Cachoeira é que mataram o Chico. Mas ninguém fraquejou. O movimento está forte até hoje, e o Chico está vivo entre nós na nossa luta. [2]

capítulo 9

marina radical

Com o início do processo de democratização do país, no começo dos anos 1980, os partidos clandestinos começaram a se mobilizar para entrar na legalidade. Surgiu, em São Paulo, a ideia de fundar um partido com uma nova proposta, que aliasse a força dos trabalhadores do campo e da cidade, originado da luta dos operários das grandes fábricas instaladas no ABC paulista.

Luiz Inácio Lula da Silva se consolidava como o representante nacional dessa nova força política do ABC. No Acre, os nomes que se destacavam no campo eram João Maia, então diretor da Confederação Nacional dos Trabalhadores na Agricultura (Contag), e Chico Mendes.

Chico e João Maia viajaram juntos, ainda em 1980, a São Bernardo do Campo, para conversar com Lula. Foi o primeiro encontro entre eles, do qual nasceria uma forte amizade. Queriam discutir a possibilidade de levar para o Acre aquela terceira via que estava sendo proposta na Grande São Paulo: uma agremiação socialista democrática que respondesse aos anseios por mudança também latentes daquele outro lado do Brasil.

No mesmo ano, Lula visitou o Estado do Acre pela primeira vez para participar de uma reunião no Colégio Meta, já com vistas a levar para lá o recém-criado Partido dos Trabalhadores. Fundado nacionalmente no Colégio Sion, em São Paulo, em 10 de fevereiro de 1980, o Partido dos Trabalhadores seria oficializado no Acre um ano mais tarde, em fevereiro de 1981.

O PT já nasceu forte entre os acrianos, por contar com aliados de peso, como a Igreja Católica, por meio das Comunidades Eclesiais de Base, sindicatos de trabalhadores já articulados, um punhado de intelectuais de esquerda e uma massa barulhenta de estudantes universitários, que fizeram, sim, toda diferença. Nasceu forte também graças à sólida base herdada, construída na argamassa dos movimentos populares, e graças ao trabalho de uma multidão de anônimos, dentre os quais se sobressaiu Marina Silva, dona de uma voz esganiçada e uma oratória potente que incomodavam muitos.

Foi nesse contexto que ela começou a frequentar a faculdade, em 1981, aos 23 anos, ansiosa com o que viria, sem saber se daria conta, estimulada por enfim realizar um de seus maiores sonhos. Lembra que numa das primeiras aulas o professor perguntou à classe quem ali era proveniente de cursos supletivos. Marina conhecia outros alunos que, como ela, tinham feito supletivo, mas ninguém teve coragem de levantar a mão. Foi a única a assumir a formação.

O professor passou então a falar mal dos estudantes que não tinham feito o ensino médio convencional, dizendo que só optavam por História porque não tinham capacidade de entrar em Direito, por acharem que era o curso mais fácil. "Não vai ser moleza, não", ameaçava o professor. "Fazer História não é fácil. Eu não vou ficar aqui ensinando conceitos básicos que vocês já tinham de saber. Quem chegou aqui achando que era fácil vai se dar mal comigo", avisou. Ela ficou preocupada. Tinha medo de não acompanhar o ritmo e o conteúdo das aulas. Escolhera História por influência de Henrique Silvestre, mas sua primeira opção teria sido Psicologia, curso que ainda não existia na UFAC.

Na segunda aula de Ciência da História, o professor Valdir Calixto mencionou as diferenças entre Hegel e Marx, explicando que o primeiro tinha uma visão muito idealista do mundo e que a contribuição de Marx, "ainda que ele tivesse partido de uma base hegeliana, foi a de fazer um corte epistemológico na visão hegeliana do mundo". Calixto enfatizou que não perderia tempo explicando o que era "corte epistemológico", porque àquela altura os estudantes já deveriam saber a que ele se referia.

Fiquei, assim, com cara de ponto de interrogação. Pensei em ir à livraria para comprar o dicionário de filosofia que o professor tinha recomendado, mas custava o equivalente hoje a uns mil reais. Era impossível para a minha realidade.

Pensou então que, ao sair da aula, iria lá apenas para consultar o livro, para tentar entender o que era aquele negócio de corte epistemológico. No decorrer da aula, porém, o professor foi se aprofundando sobre as visões hegeliana e marxista, e ela pode deduzir que o tal "corte epistemológico" nada mais era que a diferença essencial de conhecimento entre os dois pensadores.

Eu vinha de supletivo, de Mobral, de uma realidade simbólica e cultural que não tinha contato com nada daquilo. Meu sistema de linguagem, meu vocabulário, era tudo diferente. A morfologia não tinha nada a ver, tudo era novo. Eu nem respirava nas aulas, ia anotando as coisas mais importantes no meu caderno, prestava atenção feito uma coruja.

Sentava na terceira fileira, perto do Binho. Eu já tinha decidido que ia ficar amiga dele, porque desde o começo eu o achara uma pessoa interessante, embora houvesse barreiras a vencer, porque acho que ele não gostava das minhas roupas, não gostava do jeito que eu penteava o meu cabelo, o fato de eu ser "igrejeira".

A gente estudava até tarde da noite, em casa, lendo os textos. Era pesado. Os professores eram excelentes, muitos vindos de São Paulo, Minas Gerais, Paraná, a gente tinha aquela gana de estudar. Quando dava meia-noite, duas horas da manhã, eu ia tentar ainda escrever alguma coisa para o trabalho, tudo muito cheio de erro gramatical, e o Binho dizia assim: "ah, não tá muito bom, não, mas vai assim mesmo".

Binho Marques também fala com carinho desses dias intensos:

> A gente via a Marina com todo o preconceito do mundo, por ser ligada à igreja; ela era uma pessoa correta, enfim, já era a Marina, mas eu não ia com a cara dela. Quando entramos na faculdade, caímos na mesma classe e no mesmo grupo de trabalho. Não sei direito como se deu a mudança, mas o fato é que nos tornamos muito amigos. Ela, em sua humildade, tolerou-me, porque eu era muito intransigente, um saco mesmo, muito, mas muito preconceituoso. Ela me aguentou. Eu não percebia, mas no fundo tinha os mais ralos preconceitos, e transferia tudo isso para a ideologia. Era muito contraditório — existia um muro entre aquilo que era dito e o que era sentido.

Além da humildade de buscar uma aproximação, o que o cativou foi notar que ela era uma aluna diferenciada.

> Ela sempre foi brilhante. O que também quebrou meu preconceito foi perceber a enorme capacidade intelectual dela; tive de dar o braço a torcer e ver a sua grandeza. Eu sabia de sua correção moral, mas a inteligência era algo que eu não conhecia.

Embora entrar para a universidade tenha significado distanciar-se da liturgia católica, Marina garante nunca ter abandonado a fé. Ao contrário do que ocorreu com a maioria de seus amigos — para os quais ser moderno era ser ateu, era defender que o homem é que havia criado Deus —, Marina manteve-se firme em sua fé. Para ela, que pode ser contada entre "aqueles cuja vida é governada pelo aprendizado",[1] o repertório adquirido no teatro foi fundamental para lhe dar desenvoltura no movimento estudantil.

Criei um mecanismo para entrar nos lugares. Não importava se as pessoas iam me rejeitar, se eu ia passar vergonha, o que eu queria era aprender aquilo que eu achava que era necessário aprender. Se eu identificasse que era com aquele grupo que eu ia aprender, mesmo que eu soubesse que ia ser difícil, que ia haver preconceito, eu estava determinada a aguentar, porque eu queria aprender. Então, quando cheguei na faculdade, eu já tinha alguns rudimentos sobre o que era o marxismo e o enfrentamento da ditadura.

Ser jovem e militar na esquerda em Rio Branco, naqueles anos 1980, era estar destinado ao curso de História da UFAC. Era a carreira que melhor traduzia a ânsia de protesto da juventude, o terror da universidade, onde se juntavam os agitadores. O espírito da época era exuberante, de um "entregar-se ao arrebatamento" e deleitar-se "com o gêiser da vida", numa bela descrição de Philip Roth, em seu livro *Indignação.*

A atmosfera ainda refletia as sombras finais da ditadura, e agentes da Polícia Federal assistiam às aulas como se fossem alunos. Boa parte dos que fundaram e consagraram o PT no Acre e dos que governam hoje o Estado passaram por aquelas velhas carteiras e foram da turma de 1981. Além dos já citados, o jornalista Toinho Alves e Francisco Afonso, o Carioca. O ex-governador Jorge Viana é um dos únicos *outsiders*, por ter cursado Engenharia Florestal, na Universidade de Brasília.

Binho Marques, como Marina e Chico Mendes, também tinha entrado no Partido Revolucionário Comunista. Seus militantes acreditavam que o Brasil rumava para a ruína social, que desembocaria em uma grande revolução — e que esta não seria de forma alguma de natureza pacífica. Binho relata:

> Nossa leitura era que teríamos de pegar em armas e viver uma vida clandestina. Eu era o Ricardo, a Marina era Sara e o Chico Mendes, o Santos. Eram os nossos codinomes. A gente vivia em reuniões na minha casa — o principal aparelho do grupo na época. Meu pai tinha sofrido um enfarto e decidido dividir os bens entre os filhos. Vendeu parte de seus imóveis e foi embora para Salvador. Fiquei sozinho em Rio Branco e minha casa virou o ponto de encontro do comitê regional do PRC — era ali que nos reuníamos.

No mesmo ano de 1981, os estudantes reuniram centenas de manifestantes pelas ruas de Rio Branco para protestar contra o aumento de preço das passagens de ônibus. Um dos participantes, o jornalista Toinho Alves, recorda a *anima* daqueles dias:

> Quando Marina entrou para o PRC, ela já o fez rompendo sua ligação com a igreja, pois a igreja não incentivava esses grupos materialistas comunistas; pelo contrário. Se descobrisse que dentro de sua comunidade eclesiástica de base havia um comunista filiado a algum partido de esquerda, a pessoa poderia até ser afastada. A igreja gostava só dos seus próprios comunistas; ela não queria comunistas de outros partidos.

Embora disputassem o controle sobre as diferentes correntes dos movimentos sociais, os militantes de esquerda em geral se protegiam uns aos outros contra o inimigo comum: a repressão. Toinho relembra:

> Nós, dos grupos mais radicais, tínhamos uma relação de conflito com o pessoal da igreja o tempo todo, pois defendíamos posições diferentes e buscávamos controle sobre os mesmos movimentos sociais. A gente disputava a diretoria dos mesmos sindicatos, das mesmas organizações, do PT. A disputa no PT sempre foi fratricida. A gente (no Acre) sempre foi mais manso, não chegávamos a ser aquele cangaço que tem em São Paulo. Mas a disputa era sempre muito feroz. E o fato do Chico Mendes e da Marina terem entrado para o PRC rendeu aos dois muitos dissabores com relação à proteção dos grupos ligados à igreja.

Toinho, que se tornou grande amigo de Marina Silva, conta que implicava um pouco com ela nessa época. "Eu a achava muito protegida pelo pessoal. A Júlia Feitosa trazendo biscoitinho para ela nas reuniões, o Binho abrindo porta pra ela". E o motivo disso ele assim explica:

> A Marina não sabia andar direito na cidade, ela não sabia nem preencher cheque. Foi o Binho quem lhe ensinou. Ela vinha do seringal, estava aprendendo um monte de coisas. Então existia uma certa fragilidade, característica que persiste até hoje. Não fragilidade na saúde, mas na imagem, de uma menina meio inocente que exige cuidado. O pessoal que a conhecia mais de perto tinha essa coisa de perguntar se ela estava bem. Tinha esse cuidado, esse carinho. Eu olhava aquilo e achava que ela era mimada. Porque, além de tudo, desde o início ela se revelou uma oradora fantástica. E, como eu também era um bom orador e igualmente mimado pelo meu grupo, acho que eu tinha um pouco de ciúmes.

Duas chapas disputavam seguidores e, em 1983, foi convocada uma eleição para a presidência do Diretório Central de Estudantes (DCE). A corrente Caminhando era ligada ao PRC e a Viração, dos *companheiros* do PCdoB.

Marina foi indicada para concorrer pela Caminhando e Marcos Afonso, ativo militante do PCdoB, pela Viração. Ser presidente do DCE era ter poder e prestígio. O órgão controlava todos os centros acadêmicos, que foram sendo criados, um a um, por essas lideranças ligadas aos dois partidos.

Segundo o vencedor da eleição, o jornalista Marcos Afonso, em poucos anos foram criados onze centros acadêmicos na universidade, ligados aos cursos de Economia, Direito, Pedagogia, entre outros. Suas impressões sobre a então adversária política assim se resumem: "Marina sempre foi uma mulher radical. No sentido de buscar a essência das coisas. Seja como mulher, como religiosa, como militante seja como ambientalista. É uma característica forte dela".

Francisco Afonso, o Carioca, recorda que apesar da derrota, o nome de Marina Silva saiu fortalecido da disputa. Carioca participou da campanha, mas ainda não era um militante convicto. Pouco tempo depois, Binho Marques convidou-o a compor a chapa para disputar o comando do Centro Acadêmico de História. "Como era jogador de futebol amador, eles me convidaram para ser Diretor de Esportes e começaram a partir daí a me envolver nas questões mais políticas", recorda. Binho foi eleito presidente.

Os estudantes organizaram a primeira greve geral da universidade, em reação a uma medida de contenção de custos do Ministério da Educação, que tinha ordenado o fechamento do restaurante universitário. A mobilização durou duas semanas. Marcos relembra:

> Imagine o que era, num Estado conservador, você parar quinze dias uma universidade por causa de um restaurante. Isso não existia. Aproveitamos o gancho para fazer um movimento contra a ditadura, pela democracia, pela anistia. Éramos um turbilhão. Um vulcão. E quem estava lá? Marina, Binho, Toinho, Carioca. Foram anos históricos, em que elegemos pela primeira vez o reitor diretamente. Elegemos todos os chefes de departamento e coordenadores de curso diretamente, pelo voto proporcional. Foi um marco na história da Universidade Federal do Acre.

Marcos Afonso se entusiasma ao falar daqueles anos dourados, da importância do movimento estudantil para a história política de seu Estado, da garra e da paixão próprias da sua geração. Instigado a fazer um balanço do papel de Marina Silva naquele contexto, ele se empolga e não mede elogios:

> Muitos dos que são dessa nossa geração hoje estão melancólicos, por causa dessa crise ética. Mas a Marina nos unifica. É contemporânea. Ela é um modelo para milhões de pessoas. Ela dialoga com a tradição e a nova esquerda brasileira, a tradição dos sonhos, dos ideais libertários, da justiça, da humildade, da fraternidade, da solidariedade.

Diante da empolgação de Marcos Afonso, surgem alguns questionamentos: A figura da senadora não estaria sendo idealizada? Ele não mencionara um defeito sequer durante todo seu discurso. Não haveria nenhuma crítica sobre a atuação política de Marina? Se assim fosse, ela teria se transformado em santa! "Não, não e não", foi sua resposta.

> Quando digo que Marina pode representar uma síntese estou fazendo exatamente o contrário, estou tirando dela essa responsabilidade. Ela pode

> representar uma síntese, como Chico Mendes é. Quanto aos defeitos que ela tem, é engraçado, essa questão corrobora com a crise moral que estamos vivendo. É difícil, hoje, acreditar que alguém possa falar de outra pessoa só coisa boa, tem que ter um negócio ruim.

Ainda que o foco não seja moral, falha de caráter ou algo semelhante, Marina deve ter cometido erros, todo mundo os comete. Ela deve ter decepcionado alguns grupos em determinados momentos, tomado decisões equivocadas. Até então, os depoimentos sobre ela não expressam nada negativo. Marcos não se lembraria de algum?

> Tem uma coisa diferente a respeito da Marina. Quando uma pessoa faz política para o coletivo, dificilmente suas ações são isoladas. E a Marina sempre assumiu posições tiradas do coletivo, ou do partido, ou de um plebiscito ou de uma diretriz. É mais difícil errar assim. Quando erra é "nós erramos", e não ela sozinha. A não ser em questões de foro íntimo. Por exemplo, ser a favor ou contra o aborto, isso é foro íntimo.
>
> Vou citar um exemplo de sua generosidade, que poucas pessoas conhecem. A Marina já era senadora quando fui eleito deputado federal, em 1998. Fui o deputado federal mais votado da história do Acre. Eu tinha acabado de ser eleito e não sabia como funcionava a Câmara, era um aprendiz. Sabe o que a Marina fez? Ela disse assim: "Marcos, eu tenho uma proposta. Todos os projetos que eu já apresentei aqui no Senado, você os reapresenta na Câmara. Assim abrimos duas frentes de debate, uma que já está aqui e a outra que vai ser aberta lá na Câmara, por você".
>
> Sabe o que é isso? Eu fico arrepiado quando falo isso. Ela colocou na minha mão o patrimônio de um mandato, de um esforço que era dela. Ninguém faz isso, mas ela sim. É uma generosidade oceânica, entende? Agora, ela deve ter seus defeitos como mulher, como ser humano, como esposa, como mãe, como eu tenho, como você tem, não é?

Com o surgimento do PT, os membros do PRC se incorporaram ao novo partido, aproveitando sua base de legalidade. Mas logo passaram a ser vistos como vozes dissonantes, por serem mais radicais, por formarem um "partido dentro do partido".

Num momento crucial, em 1986, o PT quis votar a expulsão do grupo ligado a Marina, por suas posições extremadas. Mas a maioria perdeu a votação, e eles permaneceram. "O PRC era golpista mesmo; eles mereciam ser expulsos", ironiza Anibal Diniz, outro companheiro de luta na faculdade.

capítulo 10

utopia ou pragmatismo?

O legado de Chico Mendes permanece. Além de disseminar pelo planeta a causa das minorias oprimidas da Amazônia, o sindicalista foi o grande redirecionador da trajetória profissional de Marina Silva, que, de militante dos movimentos sociais locais, tornou-se ativa combatente global em defesa das causas ambientais. Chico Mendes ressignificou e amplificou a militância de Marina.

Mas será que Chico Mendes aprovaria os rumos que a luta tomou após o "tiro que foi ouvido no mundo todo"?[1] Pelo menos uma pessoa acredita que não. Elder Andrade, professor da UFAC, afirma, contrariado:

> A ação da mídia e de ONGs estrangeiras vituperaram a essência da mensagem do grande líder seringueiro. [...] A maneira como a imagem do grande herói de Xapuri foi sendo talhada após seu assassinato ajudou a legitimar as políticas públicas que passaram a ser adotadas no Acre e que depois foram expandidas para a Amazônia, não necessariamente em moldes que Chico teria aprovado.
>
> A imagem dele virou a de um pacifista ambientalista destituído de conteúdo rebelde e preocupado com a natureza enquanto tal. Foi uma deificação, uma santificação, ele virou intocável. E grande defensor do desenvolvimento sustentável. O problema é que quando surge o conceito de desenvolvimento sustentável, ele já estava morto havia três anos.

A expressão "desenvolvimento sustentável" é mencionada com uma aparente ponta de desprezo. Ele se mostra convicto ao afirmar não crer que Chico Mendes se alegrasse com os rumos tomados por sua luta em favor da preservação ambiental no Acre. Com isso, Elder Andrade surge como uma das raras vozes de oposição da corrente de pensamento majoritária, defendida também por Marina Silva, e pelos correligionários da sustentabilidade. E ele explica sua tese:

> Chico era socialista. Socialismo não se confunde com desenvolvimento sustentável. Esse conceito, conforme defendido por Marina, em sua atuação junto ao Ministério do Meio Ambiente, pelo Banco Mundial, pelas grandes ONGs, como WWF e Greenpeace, é o desenvolvimento sustentável pautado pelos marcos do capitalismo. O arcabouço de projetos e da ideologia que lhe dá sustentação é que a conservação ambiental será obra e tarefa do mercado, e não do Estado.
>
> Esse conceito surge num momento de plena ascensão do neoliberalismo. O mercado vai sendo forçado a se ajustar às exigências dos consumidores, que querem consumir coisas certos de não estarem colaborando para a destruição do meio ambiente.

A paixão com que Elder defende suas ideias deixa claro que o professor é um purista, um remanescente solitário da utopia marxista. Ele realmente acredita que as populações isoladas da Amazônia podem viver bem sem a interferência das empresas privadas, sem depender delas para o escoamento de sua produção.

Elder foi militante do movimento estudantil nos anos 1980, ao lado de Marina Silva, Binho Marques, Júlia Feitosa e Osmarino Amâncio. Como eles, foi membro do Partido Revolucionário Comunista e também se filiou ao Partido dos Trabalhadores desde sua fundação. Em 1996, no entanto, Elder decidiu se desfiliar do PT, por questão de coerência.

Em meio a tantas vozes consonantes com a visão defendida por Marina Silva, Elder surge como um dos poucos críticos que a ela se contrapõem, abertamente e com argumentos sólidos, em Rio Branco.

Por militar no sindicalismo seringueiro e ter sua vida profissional vinculada à universidade, Elder se sente à vontade para emitir sua opinião. Acredita que, por pragmatismo, Marina rompeu com o sonho original de Chico. Um sonho que previa explorar a floresta mantendo nas mãos dos produtores o domínio do território, e não a prevalência externa do capital privado e de

ONGs estrangeiras. "Ela fala em utopia, mas se tornou pragmática". No cerne do desenvolvimento sustentável, Elder avalia que os interesses mercantis foram colocados acima dos elementos humanos e sociais.

Como o professor Elder Andrade, mas com menos contundência, Elenira, filha de Chico Mendes, também tem ressalvas ao modelo de desenvolvimento implantado nas florestas de Xapuri, ainda que admita que muitas coisas na cidade mudaram para melhor.

> Não acredito que a morte de meu pai tenha sido em vão. Muitas coisas avançaram. Em todos os palcos de discussão da política ambiental, Chico Mendes é citado como precursor. O próprio plano de desenvolvimento do Estado é baseado em seus ideais, principalmente a partir do governo Jorge Viana. Acredito que tenha valido a pena todo esse sacrifício.
>
> Mas talvez ele não concordasse com algumas coisas. Sou totalmente contra esse modelo de manejo florestal madeireiro, em especial o que acontece dentro da Reserva Florestal Chico Mendes. Tenho certeza de que não era disso que meu pai gostaria. Ele dizia que queria salvar a Amazônia, mas, ao mesmo tempo, que ela fosse economicamente viável. Mas a viabilidade a que ele se referia não previa a derrubada de árvores para trazer renda, e sim aquilo que a árvore em pé, viva, pudesse oferecer, como os óleos, as castanhas, a borracha. Não era pra cortar árvore, de jeito nenhum.

Os defensores desse modelo de desenvolvimento com base na indústria florestal madeireira se apoiam nos limites rigorosos de corte de árvores, nos selos de certificação conferidos por organizações independentes e na fiscalização. Mas, para Elenira, trata-se de uma ilusão. "Não adianta dizer que o Ibama fiscaliza, porque não fiscaliza; temos uma deficiência enorme nisso. Também não há fiscalização para os selos de certificação."

A dúvida que permanece no ar é: Chico Mendes não se teria tornado mais pragmático com o passar dos anos e com os rumos trilhados pela luta sócio-político-ambiental da atualidade? Não é o que alguns acreditam. Nem sua filha.

Marina Silva aprendeu ricas lições com Chico Mendes e levou seu trabalho adiante.

> Com ele aprendi que, se dividirmos a oportunidade, a realização e o reconhecimento, tornamo-nos uma força infalível. Por isso, se formos fazer as coisas para o povo brasileiro, seremos derrotados; mas, se fizermos as mudanças para e com ele, sairemos vitoriosos. Temos de fazer de forma tal que cada um de nós se sinta parte do problema e parte da solução. Cada um de nós tem de se sentir parte da pergunta e parte da resposta.[2]

Marina exercitou ao lado do amigo seu dom de pacificadora. Num período em que a multidão clamava por pegar em armas e defendia o confronto violento, ela apostou na solução negociada para os conflitos.

A influência do mentor de Xapuri também se deu pela valorização dos conhecimentos tradicionais, que ela tem divulgado durante toda sua vida política. Uma das histórias que gosta de contar é sobre um grupo que foi fazer uma pesquisa nos seringais da Amazônia.

> O técnico colocou a barraca na beira do rio. O caboclo disse: "É melhor botar a barraca lá em cima porque vai chover e vai alagar tudo. O pesquisador revidou: "Não vai, não, caboclo. Já consultei o serviço de meteorologia".
>
> Às 2 horas da manhã, o técnico acorda o caboclo pedindo para dormir na casa dele, pois a chuva ameaçava invadir sua barraca. Então ele perguntou: "Escuta, caboclo, como é que você sabia que ia chover quando nossos equipamentos diziam o contrário?". O caboclo respondeu: "Tenho aqui um equipamento que nunca falha. O senhor tá vendo aquele formigueiro ali perto do rio? Toda vez que as formigas sobem do formigueiro de baixo para o de riba é porque vai chover e subir o leito do rio. Esse meu equipamento nunca falha".[3]

No aniversário de vinte anos da morte do líder seringueiro, em 2008, Marina Silva também fez um balanço de seu legado. Ela destacou que a chamada economia da floresta precisava ser fortalecida para garantir a causa da sustentabilidade na Amazônia.

> O modelo predatório de desenvolvimento, de remoção da floresta para outros tipos de atividade tem pelo menos 400 anos no Brasil e contou com financiamento, com tecnologia, com políticas públicas no mais alto grau de suporte e com toda uma base de políticos e governantes apoiando esse modelo. Já o modelo de desenvolvimento sustentável começou há 20 anos, e as pessoas fazem uma cobrança para que já tenha os mesmos resultados que aquele. É muito desmedido.[4]

A então senadora afirmou:

> A herança do ambientalista foi muito além do Acre e ainda hoje é referência para as políticas públicas e para as ações da sociedade civil em defesa da Amazônia. O que ele fez prevaleceu, porque não era algo só do Chico Mendes, era algo de um tempo, o questionamento de uma época. O que teria acontecido com a Amazônia se tivesse continuado aquele ritmo [de desmatamento]? Acho que teria sido terrível.[5]

Para Marina, o principal legado de Chico Mendes foi fazer que a Amazônia deixasse de ser vista apenas como fonte de biodiversidade para geração de lucros, ganhando valor do ponto de vista simbólico, estético e de prestação de serviços ambientais para o planeta.

> O maior avanço que tivemos foi na consciência das pessoas. Se pararmos para pensar que há 20 anos ele era uma pessoa praticamente isolada, com poucos apoios fora do Acre, e hoje vemos o que significa a preocupação do país inteiro com a Amazônia, é uma coisa que a gente nem conseguiria imaginar.[6]

capítulo 11

a primeira eleição

Marina começou oficialmente a vida política em 1984, quando ela e Chico Mendes fundaram, em Rio Branco, a Central Única dos Trabalhadores (CUT) no Estado. Ele era o coordenador da central e ela, a vice.

O ano era o das *Diretas Já*, uma das maiores manifestações populares de rua da história do Brasil, que reuniu cerca de 300 mil pessoas na Praça da Sé, em São Paulo. O povo clamava por eleições diretas para a Presidência da República. Foi um marco na transição do regime ditatorial para a democracia, mas, apesar do apoio popular, a campanha não foi bem-sucedida. A Emenda Dante de Oliveira, que estabelecia as eleições diretas para presidente, foi derrotada no Congresso, em abril de 1984, para frustração dos manifestantes.

A atuação no movimento estudantil e nas Comunidades Eclesiais de Base fazia de Marina Silva uma figura cada vez mais conhecida. Mais espaço ainda ela conquistou ao aderir à Associação dos Professores do Acre (Aspac), uma vez que já havia começado a dar aulas em escolas públicas de Rio Branco, enquanto tirava a licenciatura em História. Como não poderia deixar de ser, a Aspac reunia uma quantidade de barulhentos professores — ainda alunos da universidade federal —, cheios de hormônios e ideologias para tentar subverter a ordem estabelecida. A associação viria a se tornar o Sindicato de Professores do Estado do Acre.

Companheira de Marina à época, ativa militante petista, Naluh Gouvêia recorda esse período eletrizante:

> Marina sempre foi uma pessoa que gostava de militar na zona rural. Ela sempre se identificou mais com os professores rurais, com os trabalhadores rurais, mais que na área urbana. Ela e o Binho fundaram várias escolas

> rurais em Xapuri, em Brasileia e outros lugares distantes. Os dois se tornaram amigos inseparáveis e o que era bonito neles é que faziam da teoria a prática. A gente tinha muita teoria para refletir em como organizar os trabalhadores do campo e da cidade, mas na verdade não conseguia ir muito para a prática, nesse tempo.

Naluh acredita que o fato de Marina ter nascido e crescido livremente num seringal deu-lhe o desprendimento necessário para deixar a família para trás, arregaçar as mangas e ir fazer o que tinha de ser feito.

Em casa, porém, essa postura abnegada não era assim tão bem-vista. Por causa das frequentes viagens de Marina, Raimundo ficava impaciente e reclamava que a esposa não parava em casa.

Dali para a política partidária foi uma evolução natural. Sua primeira candidatura, no entanto, não tinha como objetivo a própria ascensão, mas a de Chico Mendes. Foi para ajudar o amigo que ela se filiou ao PT, em 1985, lançando-se candidata a deputada federal nas eleições de 1986, numa chapa em que o líder seringueiro concorria a deputado estadual e Hélio Pimenta, ao governo do Estado.

Chico já havia iniciado sua carreira parlamentar. Fora eleito vereador em Xapuri, em 1977, pelo MDB. Em 1982, saiu candidato a deputado estadual pelo PT, sem sucesso. O bom desempenho nas urnas de sua cidade também não se repetiria nessa outra campanha, ao lado da amiga. Não se elegeu. Marina, porém, ficou entre os cinco candidatos mais votados no Estado. Apesar disso, ela não conquistou a vaga para a Câmara Federal, na Assembleia Nacional Constituinte, porque o PT não conseguiu o quociente eleitoral necessário.

A estratégia de lançar Marina Silva tinha em vista pegar carona em sua crescente popularidade para proteger a vida de Chico Mendes e dar-lhe visibilidade, além de conferir um mandato para sua causa. A meta, na verdade, era eleger Chico. As intenções eram boas, mas o discurso ecológico daqueles novos petistas possivelmente estivesse adiantado em seu tempo.

O ano seguinte foi, então, aquele que marcou sua entrada oficial na agenda político-partidária do PT, no Acre. Curiosamente, é o mesmo ano da criação do Partido Verde (PV), no Rio de Janeiro, a agremiação à qual ela viria a aderir 23 anos mais tarde.

Os novos ares da democracia atraíam uma legião de artistas, escritores, jornalistas e ecologistas, e também de ex-exilados políticos que, inspirados pela onda verde que já se espalhava pela Europa, começaram a dar forma ao PV verde-amarelo. Desse grupo de fundadores figuravam nomes como Alfredo Sirkis, Herbert Daniel, Guido Gelli, Lucélia Santos e Fernando Gabeira.

O Partido Verde não participou das eleições de novembro de 1986. Mas, no Rio de Janeiro, em uma aliança informal com o PT, Fernando Gabeira disputou as eleições para governador do Estado. Foi o terceiro mais votado, com 7,8% dos votos.

O ponto de encontro dos intelectuais acrianos nessa época era o restaurante Casarão, no centro de Rio Branco. Uma geração inquieta de poetas, escritores e músicos reunia-se ali para discutir a melhor forma de mudar o Brasil. Jorge Viana, que já se formara e voltara a morar no Acre, conta que era comum os amigos se juntarem para comer comida barata e elaborar a próxima rifa para arrecadar fundos para o partido. Eles rifavam de tudo, de melancia a bonés usados. "Nós nos achávamos *os* intelectuais, os salvadores do mundo. Não éramos nem uma coisa nem outra, mas queríamos ser tudo. Aquela turma era sonho puro".

Numa daquelas tardes encaloradas de 1986, após um almoço no Casarão, Jorge Viana e Chico Mendes dirigiram-se à Praça dos Seringueiros, próxima do Palácio Rio Branco, sede do governo. A ideia era caminhar e discursar por lá de improviso, angariando votos para Chico. Estavam oficialmente em campanha. Ficaram por ali um bom tempo, sem que ninguém sequer notasse a presença do candidato. Olhavam um para a cara do outro, sem saber direito como é que se pedia voto em praça pública. Não tinham muito jeito para discursar, assim, sem tema definido, sem agenda. Até que um conhecido de Chico se aproximou deles.

— Chico Mendes, companheiro, que você faz por aqui?

Chico abraçou e cumprimentou o colega.

— Chico, ouvi dizer que cê vai sair candidato?

— Pois é, rapaz, tão me botando nessa fria...

O conhecido trocou umas palavras e logo se despediu.

Jorge ficou bravo, virou para o amigo e disse:

— Pô, Chico, assim não dá. A única pessoa que vem falar com a gente e, em vez de você pedir o voto, vai falar que entrou numa fria?

Aos domingos, os amigos se encontravam na Praça Plácido de Castro, a fim de vender discos e livros velhos e levantar dinheiro para o partido. Reuniões para debater o programa e o que seria gravado na campanha para a televisão eram feitas no quarto de Jorge Viana, que morava em uma edícula, na casa de seus pais. Ali era o escritório informal do PT e onde aconteciam os ensaios. Nesses encontros definiam o tema a ser defendido na televisão e em eventuais palanques.

No momento da gravação, diante de cenários feitos de isopor e cartazes em cartolina, Marina crescia. Jorge lembra:

> A gente combinava as coisas com a Marina, e ela fazia sempre melhor que o combinado. Com o Chico era diferente. A gente combinava as coisas com ele, e ele não fazia nada do jeito acertado, fazia do jeito dele. A temática ambiental era nosso mote e isso na época era uma novidade. Defender isso para a maioria era defender o atraso.

"Nem o passado como era, nem o presente como está. Por um futuro socialista". Eis o lema da campanha.

Concorria pelo PMDB o deputado estadual Manoel Pacífico, ex-padre ligado ao PCdoB, e, pelo PDS, o empresário Narciso Mendes, também deputado estadual.

O candidato ao governo pelo PT, Hélio Pimenta, também recebeu um empurrãozinho dessa turma de artistas. Para ajudá-lo em sua campanha, Jorge Viana construiu o "Pimenta-móvel", um velho Fiat 147, enfeitado com painéis de propaganda eleitoral. Ele comenta:

> Uma das missões que demos à Marina era subir no Pimenta-móvel e ir à caça de votos; ir aonde o povo estava. E o povo estava nas aglomerações,

> nos pontos de ônibus lotados, nas portas dos mercados. Se a gente marcasse um comício, ninguém ia. Então definimos essa estratégia. Meio-dia, sol de rachar mamona, parada do ônibus. Lá ia a Marina fazer discurso. Ela conseguia fazer as pessoas perderem o ônibus. Era muito boa.

O Pimenta-móvel entrou para o folclore do PT no Estado, mas Hélio Pimenta teve menos votos que Chico e Marina. O amigo Carioca comenta:

> Tínhamos tudo aquilo como uma utopia, no sentido grego mesmo, de algo irrealizável, porque a gente sabia que não venceria. Mas Marina foi muito bem votada. Ela era uma novidade, por sua competência, por sua origem social e por sua ousadia. Ela foi ganhando a simpatia da classe média, que historicamente votava em candidatos conservadores. As pessoas passaram a vê-la como nova possibilidade, por ser de origem pobre, negra, mulher, de estrutura física frágil, mas com um discurso diferente e empatia direta com o povo.

Pelo jeito, a experiência na campanha para deputada federal fez Marina tomar gosto pela carroceria de carros velhos. Foi do alto de uma Brasília cinza, comprada com contribuições de membros do partido, que ela partiu para a próxima disputa de uma vaga na Câmara de Vereadores do município. Os *companheiros* contribuíram financeiramente sob a promessa de que, ao final da campanha, a Brasília fosse sorteada entre os participantes. O bagageiro recebeu um belo trato, com a montagem de uma escadinha e um pequeno tablado. Foi ali, naquele palquinho *low-tech*, que a candidata brilhou no pleito para vereadora, em 1988.

O PT nunca havia elegido um vereador em Rio Branco, e discutia-se qual seria a melhor estratégia: lançar uma candidatura única, concentrando nela o esforço publicitário com os parcos recursos de que dispunham, ou dois nomes, para ter mais chances.

Marina despontava como alternativa petista ainda vinculada ao PRC, dos trotskistas amigos de Chico Mendes. Associada às Comunidades Eclesiais de Base e à Igreja Católica, despontava o nome de Francisca Marinheiro, que foi, afinal, a escolhida pela direção do partido, por apresentar postura menos radical que a companheira do PRC. Marina sairia como candidata avulsa, que poderia ser beneficiada pelo *recall* da eleição anterior, atraindo um perfil diferenciado de voto, como o de professores, jovens estudantes e socialistas mais extremados. Havia outras candidaturas periféricas e sem muita chance. Marina lembra essa campanha:

> *Era tudo muito precário. Material de campanha praticamente não existia. Binho desenhou um panfleto para distribuir e conseguimos uma câmera chinfrim para fazer uma filmagem de trinta segundos para veicular na TV Acre. Além disso, gravávamos fitas para o programa de rádio.*

Se a tecnologia não ajudava muito, a chama interior e a afinidade dela com as capotas de veículos caindo aos pedaços deixavam-na bem à vontade. Seis horas da tarde e lá ia Marina, na velha Brasília, fazer seus comícios-relâmpago em frente a escolas e paradas de ônibus. Binho e Fábio Vaz, um amigo que viria a se tornar seu segundo marido, distribuíam panfletos. Aquele tipo de abordagem corpo a corpo era uma novidade na política local, e logo a mídia começou a comentar.

Os discursos estimulavam as pessoas a repensarem sua maneira de votar; conclamavam que não mais escolhessem seus políticos em troca de favores. Era tradição no Acre vender votos informalmente para receber pares de óculos e dentaduras. Uma família em especial se destacava nessas práticas assistencialistas: os Santiago, famosos por não perderem eleição. Marina explicava que todos tinham direito a ruas asfaltadas, saneamento, luz elétrica nos bairros e sistema de saúde digno, e não apenas os que trocavam votos por dentes novos.

Havia ainda um discurso mais ideológico e genérico, que instruía a população sobre a necessidade de combater as desigualdades sociais e a injustiça, com base nos princípios socialistas.

Marina venceu a eleição como a vereadora proporcionalmente mais votada do país, com mais de 2500 votos. O segundo colocado, Arlindo Santiago, teve menos da metade dos votos. Para o PT, a vitória era tão significativa quanto ter levado a prefeitura.

Terminada a vitoriosa campanha, a velha Brasília foi sorteada. Quem tirou a sorte grande e a levou para a garagem de casa foi o *companheiro* Paulo Klein, que hoje é professor da Universidade Federal do Acre.

Pouco mais de mês após a eleição, no dia 22 de dezembro de 1988, às 18h45, Chico Mendes foi assassinado, no quintal de sua casa, em Xapuri, por Darci Alves Pereira. Ele e seu pai, o fazendeiro Darly Alves da Silva, foram julgados dois anos depois e condenados a 19 anos de prisão pela morte do líder seringueiro.

capítulo 12

o segundo casamento

O santista Fábio Vaz não é muito bom com datas, mas não se esquece do dia 5 de abril de 1986. Durante um festival de música popular organizado pelo Diretório do Centro Estudantil, da Universidade Federal do Acre, no ginásio coberto, então o único local próprio para *shows* na capital, ele beijou a *companheira* Marina, pela primeira vez.

Marina e Fábio eram amigos de militância desde que ele entrara na faculdade para cursar Biologia e começara a se envolver com os sindicalistas de Xapuri. No dia em que Fábio completou 21 anos, ganhou dela um cartão onde se lia: você merece mil beijos de presente. Mas ele lhe disse que apenas um era necessário.

Separada de Raimundo há algum tempo, ela morava com os filhos Shalon e Danilo na casa do pai. Ela e Fábio namoraram dois anos até que resolveram alugar um casebre próximo de seu Pedro, no bairro de Cidade Nova. Foram morar juntos. Os parentes revezavam-se no cuidado com as crianças. Fábio também era membro do PRC e aderiu ao PT desde sua fundação, mas, como vários de seus colegas, tinha então um pé atrás com o PT, por achar que o partido era liberal demais. "O PRC, sim, era o partido revolucionário por excelência. Víamos o PT como um partido reformista, mas não radical o suficiente. Uma visão, hoje entendo, meio fora da realidade. Coisa de jovens."

De família simples, Fábio mudou-se para o Acre em 1983, depois de ter cursado o segundo grau em colégios agropecuários nas cidades de Iguape e Santa Rita do Passaquatro, interior de São Paulo. Nas duas escolas havia acrianos, e eles, como a maioria dos acrianos, eram bairristas, não se cansavam de convidá-lo para visitar Rio Branco. Foi assim que decidiu ir para lá, em janeiro de 1983, à procura de emprego.

A região progredia e havia muitos projetos de assentamento de terra nessa época. Para prestar assistência a eles, os concursos públicos para técnicos em agropecuária eram frequentes. Fábio começou fazendo estágio numa estatal que promovia assentamentos e deu assistência técnica aos produtores, ensinando-os a plantar e a cuidar das lavouras recém-formadas.

O primeiro emprego veio poucos meses depois, quando passou num concurso público e foi trabalhar na Secretaria de Desenvolvimento Agrário, em Bujari. Em seguida entrou na UFAC para cursar Biologia e foi transferido para Rio Branco. Estudava de manhã, trabalhava na secretaria à tarde e, à noite, tomava conta da horta de um amigo. Dali tirou verduras e legumes sem agrotóxicos para alimentar Marina, que, em 1987, continuava doente.

Pouco depois de se unirem, perderam quase tudo numa enchente. Tiveram de se hospedar por alguns meses na casa de Binho Marques até conseguir alugar outra. Foi somente um ano depois de Marina ser eleita deputada estadual que conseguiram crédito para financiar a compra da casa própria, a única que possuem. Hoje, moram na casa de Marina e Fábio, em Rio Branco, a irmã dela mais nova, Maria do Socorro, e a tia Matilde.

Os dois se casaram no civil em 2000. Depois que Marina se converteu, aprendeu que era importante selar a relação "pela lei dos homens", nas palavras de Fábio. "Foi um lado espiritual dela que respeitei. Antes, ela não achava isso tão importante, mas, depois, passou a achar".

Não foi apenas o estado civil que mudou depois da conversão da esposa. No começo, Fábio estranhava muito que Marina lesse a Bíblia o tempo todo, que se aconselhasse com pastores; ficou preocupado. A mãe de Fábio, dona Neide, é adventista do sétimo dia, e ele cresceu ouvindo a "Palavra". Mas tudo mudou quando chegou à faculdade.

> Depois de entrarmos no movimento estudantil, nossa visão se tornou materialista e ninguém admitia a hipótese de Deus. Talvez por isso, a Marina, quando se converteu, não conversasse tão abertamente comigo sobre isso, porque eu era resistente. Tinha medo que eu a rejeitasse.

Embora Marina garanta que nunca perdeu a fé, Fábio afirma que durante a militância "ela era uma materialista radical". Ele revela:

> A mim ela chegou a dizer que Deus não existia. Ela diz hoje que no fundo acreditava em Deus. Aquele discurso marxista era de consenso. Todos aderimos a isso. A gente se converteu a essa visão, era o que todos nós consumíamos.

Houve, segundo Fábio, uma ruptura importante naqueles dias.

> Nessa época, funcionava assim: a gente olhava um pipoqueiro na rua e já produzia uma análise sociológica dele. Marxismo vulgar é assim; é quase uma religião. E ela viveu essa fase também.

Em contrapartida, algo a diferenciava, segundo o marido: o fato de nunca ter deixado de se relacionar, sem preconceitos, com pessoas que cultivavam sua espiritualidade.

> Essa ponte ela nunca perdeu. Nunca desrespeitou quem tivesse fé. E esse é um dado diferencial dela em relação aos militantes tradicionais de esquerda. Embora ela tivesse os fundamentos teóricos, de análise e crítica do sistema capitalista, sempre manteve os laços com a fé e com o cotidiano do povo. Por isso ela é uma liderança forte, porque nunca perdeu esse vínculo com a realidade.

Ao se referir à Marina esposa e companheira, Fábio comenta, rindo:

> Ela é teimosa feito uma porta. Quando decide uma coisa, dificilmente muda de ideia. Fica com aquele jeitinho de quem está escutando, mas se já tomou a decisão... Ah, e é bagunceira também. A casa está sempre com livros espalhados por tudo que é canto. Mesmo quando ela diz que arruma, a arrumação dela ainda é uma bagunça.

Teimosa, bagunceira e, segundo o amigo Binho Marques, mimada. Pelo menos alguns "defeitos" foram levantados.

Discreto, Fábio ficou na ponte aérea Rio Branco-Brasília durante vários anos, trabalhando para o governo do Estado do Acre em cargos estratégicos. Alto, loiro e de olhos claros, ele parece conviver bem com a semi-invisibilidade e com o fato de que, na família, os holofotes se voltem para outra direção.

capítulo 13

cochilos e conquistas

Nunca antes na história do município de Rio Branco um cidadão tinha visto de perto o *hollerith* de um vereador. Logo que foi eleita, um jornalista perguntou a Marina Silva quanto ganhava um nobre membro da Câmara, e ela foi consultar seu contracheque. Havia tantos benefícios sobre o valor do salário que ela ficou meio confusa e pediu que o próprio jornalista desse uma olhada. Várias mordomias engordavam o soldo e, quando o repórter pediu para tirar uma cópia do papel, ela concordou, por que não?

Foi o princípio de um turbilhão. Foram divulgadas a remuneração e as muitas mamatas a que os parlamentares tinham direito. Marina, que já vinha discutindo isso com sua assessoria, passou a devolver em juízo os benefícios não justificados e a fazer campanha pública contra o que considerou um abuso. Entrou na Justiça pedindo que todos os vereadores devolvessem suas verbas adicionais. Por essa razão, foi tachada de populista, de demagoga e ganhou a antipatia da maioria dos colegas. O povo, ao mesmo tempo, aplaudia-a, e sua popularidade só fazia aumentar.

Não abria mão do contato direto com seus eleitores e, assim como se afeiçoou às garupas de velhos automóveis, foi vista dormindo em lugares esquisitos ao menos duas vezes. Numa delas, camelôs assustados foram bater à sua porta, de madrugada, pedindo que os ajudasse a conversar com o "rapa", os fiscais da prefeitura que viriam por volta das quatro da manhã para expulsá-los e apreender suas mercadorias.

Marina, ainda sonolenta, acompanhou os *companheiros* até o local da feira, perto da ponte metálica que atravessa o rio Acre. Enquanto esperava, deitou-se sobre uma barraca de verduras e cochilou. Despertou, de repente, com uma voz que dizia:

— Professora Marina, é a senhora?

— Hã?

— Professora, o que a senhora está fazendo aí?

Era um ex-aluno do tempo em que ela dava aulas no curso secundário.

— O que *vocês* estão fazendo aqui? Se a prefeitura não organiza o local da feira, esses feirantes não têm culpa disso — esbravejou a vereadora.

O ex-aluno, meio sem graça, deu uma volta com os outros fiscais e apenas notificou os feirantes que ali não era lugar de montar barraca. Em seguida, foram todos embora.

Ficou grávida de Moara, a terceira filha, durante o período em que era vereadora. Logo a seguir, foi eleita a relatora da lei orgânica do município. O PT tinha feito um trabalho em âmbito nacional com seus vereadores para instruí-los no trato com a regulamentação das leis aprovadas pela Assembleia Nacional Constituinte, de 1988. Havia uma série de recomendações visando a dar maior transparência na gestão pública, como, por exemplo, a proposta, então inovadora, de discussão com a comunidade do orçamento municipal, o chamado orçamento participativo.

Para driblar a fúria dos adversários — era a única vereadora de esquerda na Casa — adotou uma estratégia bem-sucedida.

Resolvi que não apresentaria diretamente as propostas que eram minhas, porque, se eu as apresentasse, nenhuma seria aprovada. Como eu era a relatora, consegui aprovar, na dinâmica de tramitação da lei, audiências públicas para receber as contribuições dos munícipes. Todas as ideias importantes que eu tinha, eu as passava antes a sindicatos, associações de bairros e personalidades. Com isso, as propostas chegavam de fora, como se fossem do povo. Nas audiências públicas os vereadores não se contrapunham àqueles projetos; eles eram aprovados e eu, no papel de relatora, os acolhia como se fossem uma iniciativa popular já avaliada pela maioria dos colegas vereadores.

Marina aprendeu essa tática com Chico Mendes, para quem a autoria do projeto não importava tanto.

Quanto mais você divide a autoria, mais potente é o resultado das ações; você pode até não figurar na história como autor exclusivo da iniciativa, mas como parte dela.

O PT crescia e ganhava musculatura por todo o país. O ânimo dos *companheiros* estava no pico com a chegada de Lula, o líder sindical, ao segundo turno das eleições. Era o ano em que o petista enfrentava o "caçador de marajás" Fernando Collor de Mello, governador de Alagoas, na corrida à Presidência da República.

Marina saía em campanha por Lula, a barriga imensa, pelo interior do Acre. A fidelidade ao *companheiro* acompanhou-a por toda sua trajetória. Ainda hoje, mesmo após os desentendimentos por sua postura à frente do Ministério do Meio Ambiente e de sua saída do PT, depois de trinta anos, Marina torce o nariz quando alguém fala mal do presidente perto dela. Embora o relacionamento entre os dois tenha sido afetado por todos os episódios envolvendo sua saída do Executivo e do partido, ela desconversa quando questionada sobre o assunto. Deixou o governo e o PT, mas, ao que parece, mantém a lealdade e os laços de gratidão.

Era praxe cada vereador receber anualmente uma bolsa de quinhentos reais, aproximadamente, em valores atuais, para doar a menores carentes. O benefício entrava diretamente na conta corrente do vereador e não havia necessidade de comprovação ou recibos; um verdadeiro convite à corrupção. Quando soube daquela prática, Marina reagiu, recusando ter o dinheiro depositado em sua conta. Queria que fosse enviado diretamente para a conta do eventual beneficiário. A assessora da Câmara retrucou que ela tinha de aceitar, afinal, há muitos anos o donativo fora distribuído dessa forma.

Meu assessor, o Carioca, me chamou de paranoica. Disse que eu queria saber mais que a tesoureira, mais que o secretário da Câmara, que eu queria ser mais realista que o rei. Mas eu não me conformava com aquilo.

Quando o dinheiro caiu na conta de Marina, ela fez um cheque e entregou-o nas mãos de um senhor que morava num bairro muito pobre. Ela pediu a um assessor que filmasse a entrega do benefício. Ao beneficiário, pediu que assinasse um recibo. Documentada a doação, Marina ficou mais tranquila.

Dois anos mais tarde, Edvaldo Guedes, um político folclórico do Acre, entrou com uma ação na Justiça acusando de peculato e vários outros crimes os vereadores de Rio Branco, por se apropriarem indevidamente da bolsa dos carentes. A única parlamentar que tinha como provar a doação era Marina, que ficou fora do processo.

A vereadora foi, por isso, arrolada como testemunha contra o presidente da Casa, Airton Rocha, do PMDB, ex-colega seu da comunidade de base e que tinha virado um desafeto político da vereadora. O processo o citava como principal responsável por ter encaminhado o dinheiro para a conta corrente dos vereadores. Marina, que a essa altura já tinha sido eleita senadora, foi chamada a depor contra Rocha.

A expectativa era de que desse um depoimento comprometendo os vereadores e o presidente da Casa. Mas, ao contrário, ela testemunhou em favor de Airton Rocha, afirmando que aquele era um procedimento que vinha de outras legislaturas, e que não era ele o autor da medida, o que era verdade.

Marina reflete sobre esse episódio como um tipo de teste ético pelo qual os políticos costumam passar com frequência. É um fio tênue que tem tudo para transformar em inimigo um adversário político.

Como é que você diverge das ideias e até pode desconstruí-las sem ter de necessariamente destruir as pessoas? Tenho pedido a Deus todos os dias que me dê sabedoria para fazer esse manejo corretamente, seja com a Dilma (Rousseff), com o (José) Serra, com o Ciro (Gomes), de uma maneira que não seja nem ingênua nem destrutiva. É o tal manejo entre a simplicidade das pombas e a sagacidade das serpentes de que Jesus fala. É isso que eu tenho pedido a Deus.

Na semana em que Marina falava sobre isso para este livro, ela fora citada pelo jornalista Diogo Mainardi, da revista *Veja*, como a parceira ideal para compor uma chapa com o então governador de São Paulo, José Serra, como candidata a vice-presidente da República. Era um balão de ensaio, mas a ideia repercutiu. Questionada sobre o artigo veiculado na revista, ela disse:

Essa foi uma ideia da cabeça do Diogo. Ele diz que seria uma coisa boa para mim, porque me puxaria para a terra, porque eu não seria candidata a presidente, mas a santa. Ele escreveu que eu levito. Ele geralmente escreve coisas muito ácidas. Eu sempre lia as coisas dele e pensava: "meu Deus, esse homem é ácido puro". Até que, um dia, encontrei Diogo e sua família no aeroporto; uma beleza de família, e ele com tamanho cuidado com todos, um jeito tão amoroso. Percebi que às vezes a gente tem uma visão preconceituosa das pessoas, como se elas fossem ácidas em tudo e sempre. Mas existe um espaço em que aquela pessoa é um ser humano amoroso, como devem ser todos os seres humanos, com o cuidado de sê-lo mesmo quando criticam. Chesterton diz que não existe problema em punir o erro, o erro é quando não amamos a quem punimos. Traduzi isso para a política desta forma: não é problema criticar o erro; o erro é quando não amamos a quem criticamos. Eu o vi (o Diogo) com esses olhos, eu os vi a todos com muito afeto. E devo ter transmitido a ele um olhar embevecido, porque foram eles que me fizeram "levitar".

Ao fazer um balanço de sua atuação como vereadora — um mandato que durou dois anos, porque logo se candidataria e seria eleita a deputada estadual mais votada do Estado —, Marina Silva acredita que colaborou para derrubar uma série de mistificações. A maior participação da sociedade em assuntos corriqueiros, as audiências públicas nos bairros para tratar de assuntos pertinentes à população, a liberdade para cobrar das autoridades ações mais efetivas e o ganho de transparência foram conquistas iniciadas ali, segundo ela.

Em 1990, o PT e os partidos coligados elegeram três deputados estaduais e conseguiram levar Jorge Viana, o candidato ao governo, ao segundo turno das eleições. Marina não era mais uma voz solitária, transformara-se numa das lideranças de um movimento com grande força no Acre. Seu capital político aumentava. Mas a saúde, mais outra vez, logo lhe pregaria uma peça.

capítulo 14

um período de crise

A fotografia de Neide Júlio de Lima pode ser vista no Orkut dos colegas de suas netas. Eles também a chamam de avó. Dona Neide, 74 anos, na verdade, é o que se pode chamar de uma superavó. Ela recebe os netos em sua pequena casa de madeira, na cidade de Santos, São Paulo, para as férias de verão, mas eles nem sempre chegam sozinhos: trazem os amigos. Muitos amigos. Em geral, são quatro ou cinco, mas o número já chegou a onze. Ela e seu Paulo, o marido, não se importam em ceder a cama e ir dormir em colchões, no chão da sala, ou onde der. Hospitalidade é o outro nome de dona Neide.

Também poderia ser qualificada como supersogra, no bom sentido, claro. Quando Marina Silva adoeceu, em 1991, depois de ser eleita deputada estadual, em outubro de 1990, foi a sogra quem dela cuidou, maternalmente, por quase dois anos. Ali mesmo, no chalé de madeira, no bairro do Boqueirão.

Marina ficar doente não era bem uma novidade. Surpreendente é o registro de uma pesquisa feita pela Universidade Federal do Acre, à época, apontando-a como a deputada estadual de melhor atuação parlamentar na Assembleia Legislativa do período. Foi eleita campeã de tribuna — de apartes, indicações e projetos. Um desempenho que pode ser atribuído ao trabalho nos primeiros meses do ano, já que logo se afastaria para cuidar da saúde. Em uma viagem ao interior do Estado, sofreu um desmaio e teve de ser levada rapidamente para a capital, e internada. Começava ali uma dura jornada de visitas a médicos e hospitais, sem que ninguém conseguisse fazer um diagnóstico preciso.

Decidiu ir, com Fábio, para São Paulo, para onde seguiam todos os acrianos em condições de ter tratamento médico de melhor qualidade. Recorreram à ajuda de Lula, Telma de Souza, José Genoíno e outros conhecidos do

PT para conseguir atendimento e exames mais completos. Passou por uma infinidade de exames no Hospital Albert Einstein até que o médico que a acompanhava disse não haver mais o que fazer. O diagnóstico era inconclusivo.

A equipe do Einstein não descobriu o que ela tinha, mas deu-lhe um susto quando a avisou que estava grávida novamente. Por essa ela não esperava.

Foi na sala de espera de seu ginecologista, em Santos, enquanto lia um artigo na Revista Brasileira de Oxidologia, escrito pelo médico Efrain Olszewer, que a paciente teve um *insight*. Enquanto aguardava para ser atendida, interessou-se pelo texto que descrevia os efeitos danosos para o corpo provocados por contaminações com metais pesados. Na hora, pensou: são esses os meus sintomas. Telefonou para a Associação Brasileira de Oxidologia para obter o contato do médico, e ele lhe recomendou um especialista em Santos.

Foi somente a partir de novos exames de fio de cabelo que veio o diagnóstico: eu tinha metais pesados no sangue. Na época, eram chumbo e ferro em grande quantidade, e o famigerado mercúrio, que me tem atormentado até hoje.

O marido relembra:

> Ela tinha problemas no pâncreas, que lhe causavam hipoglicemia reativa, além de dores de cabeça, labirintite... apareceu um monte de coisas. O diagnóstico também mostrava contaminação por antimônio, provavelmente por causa de superdosagem de remédios tomados para tratar da leishmaniose que teve no Acre.

Por causa do bebê, decidiu esperar para começar a tomar os quelantes necessários para combater os metais tóxicos. Temia prejudicar ainda mais a gestação, que já não se desenvolvia adequadamente. Passou praticamente toda a gravidez de cama, fraca e desorientada.

Foi uma fase difícil para toda a família, que se endividou para pagar os tratamentos.

Eu me sentia definhando, enxergando cada vez menos, com meu raciocínio espacial diminuindo, parecia que estava com Parkinson. A sensação era de estar envenenada. Tinha visão dupla, sentia tonturas, tremores. O pâncreas passou a produzir muita insulina e tinha desmaios por causa das quedas repentinas de açúcar.

Adventista do sétimo dia, dona Neide chamava as amigas da igreja para orar por Marina. Quando ela se sentia um pouco mais forte, ia à igreja com a sogra, pedir a Deus pela saúde. Marina Silva considera que esse foi um período-chave para o retorno de sua busca espiritual. Nesse capítulo Dona Neide tem participação especial. Nunca deixou de orar pela nora, de ler a Bíblia para ela, mesmo por pouco tempo "porque Marina não dava conta de prestar atenção".

Moara era pequena, mas tem uma vívida recordação dessa época: a avó colocando dentro de seu tênis um papelzinho com seu nome, endereço e telefone. "Minha mãe queria ir comigo dar uma volta, e minha avó me disse, longe dela, pra não ficar brava: se acontecer alguma coisa com sua mãe, os seus dados estão neste pedacinho de papel."

Dona Neide acredita que o sofrimento levou Marina a se aproximar de Deus. "Ela estava meio 'desviadinha' naquela época", brinca. Além de tê-la como filha, a sogra vê em Marina Silva um "bom fruto" colhido com as sementes de suas orações.

Pouco antes de começar a pior fase de sua saúde e de ser eleita deputada estadual, o Brasil inteiro já dera início a dias de intensas provações. Fernando Collor de Mello tomou posse, em 15 de março de 1990, como o primeiro presidente eleito por voto direto da chamada Nova República, assumindo um país endividado e refém de uma inflação superior a 50% ao mês.

Um dia depois de assumir, chocou o país com a primeira medida escalafobética vinda de um mandatário que ficaria conhecido por inúmeras ações desse tipo: o anúncio de um pacote econômico que confiscava por 18 meses todos os saldos de conta corrente, poupança e outros investimentos superiores a 50 mil cruzeiros. O denominado Plano Collor foi aprovado pelo Congresso em abril e causou, nos meses seguintes, perversos desequilíbrios macroeconômicos ao país.

Dois anos mais tarde, entre maio e setembro de 1992, o Brasil seria abalado por denúncias de corrupção no Planalto, originadas de uma entrevista à revista *Veja* concedida por Pedro Collor, irmão do presidente, dando início à abertura de uma Comissão Parlamentar de Inquérito e, em seguida, a um traumático processo de *impeachment*.

No dia 25 de setembro, Paulo César Farias, tesoureiro de campanha de Collor, foi indiciado em nove crimes, entre eles corrupção, falsificação e formação de quadrilha. Quatro dias depois, a Câmara Federal aprovou o afastamento do presidente da República. Itamar Franco assumiu interinamente, no dia 2 de outubro de 1992. Em 29 de dezembro, Collor renunciou ao mandato, e Itamar assumiu como presidente da República.

Marina Silva passou boa parte dessa angustiante etapa da história do Brasil na cama. Fisicamente incapaz, sem enxergar direito, sem equilíbrio, sem conseguir dormir, quis, contudo, voltar para o Estado natal para ter a filha caçula. Dona Neide não teve dúvida e foi junto.

Em 29 de abril de 1991, outra perda significativa agravou seu sofrimento: a morte da avó Júlia, aos 90 anos de idade, vitimada por um câncer de pulmão.

Em Rio Branco, Marina ficou internada e dormia sentada, algumas vezes abraçada ao marido, na cama do hospital, porque tinha medo de não chegar ao fim da gestação: achava que poderia morrer dormindo. Pedia a Fábio que velasse por ela enquanto descansava, que ficasse de olhos bem abertos para ver se respirava e poder salvar o bebê, caso houvesse uma emergência. Quando viu aquela cena, uma noite, o médico Júlio Eduardo Gomes Barbosa, que a acompanhava na cidade, decidiu intervir. Mayara nasceu prematura, aos oito meses, em 21 de maio de 1992. Com apenas doze dias de vida, voltou nos braços da mãe para Santos. Ficaram ali mais quatro meses.

Por causa desse tempo em que moraram com a avó, Moara e Mayara foram "apresentadas", ainda bebês, na igreja adventista. A "apresentação" é como uma bênção da congregação para a família, uma vez que, como a maioria das igrejas protestantes, os adventistas não batizam crianças. O batismo, eles creem, deve ser um ato individual voluntário.

Tornaram-se assim adventistas praticantes, tendo estudado, as duas, no Internato Adventista Paranaense (IAP), em Londrina.

Moara se lembra de ouvir a avó contar lindas histórias sobre as moças que iam para o internato, de descrever para ela a escola e a beleza do lugar. Ficava encantada, e desde cedo sonhou que um dia iria estudar lá.

Aos treze anos de idade, já morando em Brasília, a mãe, senadora da República, começou uma campanha para que os pais a deixassem ir a Londrina. Eles não queriam que ela fosse. "Comecei a vender minhas coisas, roupas, livros, até juntar seiscentos reais, mais ou menos, para ajudar nas despesas. Quando minha mãe viu que eu queria mesmo muito ir, ela concordou", conta Moara.

A história se repetia: a influência de uma avó amorosa e de seus sonhos direcionando o futuro de uma jovem determinada.

No primeiro ano de internato, Mayara cursava a oitava série (na época o último ano do ensino fundamental) e resolveu esconder de todos o fato de ser filha da então ministra do Meio Ambiente. Como todo jovem descobrindo um novo universo, ela desejava fazer amigos verdadeiros, sem que a posição política da mãe influenciasse seus relacionamentos. Mayara recorda:

> Consegui guardar sigilo o ano todo. Na sala de aula meus professores falavam mal do governo, falavam mal dos políticos... Às vezes até elogiavam. Foi divertido poder escutar as pessoas falando do trabalho da minha mãe, sem medo. Quando perguntavam o que minha mãe fazia, eu dizia que ela era "formada em História".
>
> No dia da minha formatura, foi uma surpresa tanto para os professores como para os amigos. Quando chegavam para cumprimentar minha família, eles abriam um "olhão" e ficavam sem graça, diante da minha mãe. Depois me chamavam de lado e perguntavam:
>
> — Por que você não me disse que sua mãe era a ministra do Meio Ambiente?
>
> Aí eu respondia:
>
> — E que diferença faria? Foi bom mostrar que nunca precisei usar o trabalho de minha mãe para conseguir as coisas.

Mayara se parece muito, fisicamente, com Marina e também guarda o lado contemplativo da mãe, enquanto Moara aparentemente herdou-lhe o tom mais combativo. Uma conversa com Moara rapidamente revela um talento para a política partidária, mas ela não sabe se é um caminho que poderá seguir. Já assimilou o ensinamento de que pode contribuir no campo social sem necessariamente fazer parte de uma agremiação política.

> Desde pequena sempre fui muito ligada às questões da pobreza. Lembro de quando a Comissão de Combate à Fome e à Pobreza, do Senado, fez um relatório sobre a situação do Brasil e a mamãe trouxe o relatório para casa. Eu tinha uns nove anos. Era um documento com uma criança na capa, marrom. Aquilo me atraiu e li boa parte dele, mesmo sem entender muito. Devo dizer que a minha infância e a da Mayara foram diferentes da infância dos meus irmãos mais velhos e a da nossa mãe. Eles passaram, sim, por dificuldades. Cresci com a vontade de ajudar a mudar essa triste realidade do nosso país.

Moara uniu-se à irmã mais nova e a duas amigas, Marihá (filha do senador Tião Viana) e Mahayana (neta do ex-senador Ernandes Amorin), que moravam no mesmo prédio funcional do Senado. Decidiram montar uma campanha a fim de arrecadar brinquedos para uma creche de Brasília e, em seguida, livros para criar uma biblioteca em Assis Brasil, um município pobre do Acre.

Moara se orgulha da trajetória política da mãe e a considera uma exceção.

> Ela tinha todas as desculpas para ficar em sua zona de conforto e justificar suas dificuldades. Mesmo assim estudou, se formou, fez faculdade e estuda até hoje, não para de estudar. Ela chega em casa e faz os trabalhos dos cursos que frequenta; lê muito. Isso me emociona, porque ela foi uma exceção; essa definitivamente não é a regra em nosso país. As pessoas aqui nascem sem oportunidades e morrem sem elas. O estudo é a única forma de mudar a vida de alguém, e foi isso que mudou a vida de minha mãe e a capacitou de modo a poder ajudar, por meio do trabalho sério que ela realiza, a mudar a vida de muitas pessoas no país inteiro. Eu a tomo como exemplo e tento aproveitar bem minhas oportunidades de estudo, já que diferentemente dela tenho todas as circunstâncias a meu favor. Também me emociona o fato de saber que o meio não foi capaz de detê-la, que as dificuldades não a fizeram parar, pelo contrário, davam-lhe mais forças, e é isso que eu vou levar para a minha vida.

capítulo 15

a *cosa nostra* amazônica

Em setembro de 2009, uma carta assinada de punho por um assassino foi parar nas mãos do jornalista Altino Machado. E não se tratava de um assassino qualquer. Era o nosso Jack, *the Ripper*, o Darth Vader acriano, ele mesmo, Hildebrando Pascoal: o coronel da PM e ex-deputado federal que fatiou o mecânico Agilson Firmino dos Santos com motosserra, em 1996. O trabalhador foi esquartejado, segundo consta, a mando de Hildebrando, porque teria ajudado o assassino do irmão do coronel a fugir da cidade.

Foi um imbróglio digno de cinema, que fazia parte das perseguições e vendetas do esquadrão da morte, uma organização criminosa que deu as cartas no Acre durante boa parte da década de 1990. Hildebrando era a *cosa nostra* amazônica em sua melhor forma.

No texto da carta, "Hildebrando, *the Ripper*" solicitava cobertura da mídia para seu novo julgamento, que ocorreria em alguns dias. Altino, um dos repórteres mais conhecidos do Acre, foi quem primeiro noticiou o crime da motosserra, quando era correspondente do Jornal do Brasil.

Em sua mais recente condenação, naquele mês de setembro, o Tribunal do Júri do Acre sentenciou o esquartejador a 18 anos de prisão pela morte de um homem com tiros na cabeça após refinada sessão de tortura, em que a vítima teve os olhos perfurados, pernas, braços e pênis amputados com motosserra, além de um prego cravado na fronte. Juntas, suas penas somam mais de cem anos de prisão e ainda há processos pendentes de julgamento.

Dez anos antes, a notícia sobre a captura de Hildebrando repercutira internacionalmente. Altino seguiu na cobertura jornalística, obtendo a primeira entrevista exclusiva com o ex-coronel antes de ser encerrado atrás das grades.

Altino relata a tarde em que Hildebrando entrou na redação e obrigou uma colega jornalista a comer a página do jornal com a matéria assinada por ela sobre as atividades do esquadrão da morte, no Acre. Eram tempos de horror, de pânico, em que a população vivia sob a constante ameaça de bandidos, da selvageria associada à corrupção policial e ao narcotráfico.

Mas "Hildebrando Vader" ainda demoraria alguns anos para tornar-se mundialmente famoso quando Marina Silva, sem vigor para grandes lutas, retomou seu assento na Assembleia Legislativa, após o nascimento da filha caçula.

Mesmo sem muitas perspectivas, ela e um amigo de militância, o deputado federal pelo PT, Nilson Mourão, conseguiram articular-se com deputados da ala progressista do PMDB para encaminhar alguns avanços no pouco tempo em que ela estivera na ativa no Legislativo estadual. Trabalharam ao lado de João Correia — que mais tarde se tornaria opositor ferrenho à administração do PT, do ex-deputado Said Filho e de Adalberto Ferreira.

Uma das bandeiras da deputada era pelo fim da aposentadoria para ex-governadores, projeto pelo qual lutou mas que só seria aprovado no governo seguinte. (Ironicamente, durante o governo petista de Jorge Viana, os pagamentos foram restabelecidos. Dos três deputados do PT, apenas Naluh Gouvêia votou contra a retomada da aposentadoria.)

No ano em que Marina retornou, os petistas acrianos ainda viviam a ressaca de ter perdido a eleição ao governo do Estado para Edmundo Pinto, do PDS. Jorge Viana chegara ao segundo turno com o tradicional discurso dos herdeiros de Chico Mendes, insistindo num novo modelo de desenvolvimento que aliasse geração de empregos à preservação da floresta e das comunidades tradicionais.

Edmundo Pinto, em contrapartida, era um desenvolvimentista nato, que falava em progresso e estradas, citando como exemplo a ser seguido a vizinha Rondônia, onde a população saltara, em curto espaço de tempo, de 400 mil para um milhão de habitantes, após a abertura da BR-364.

Mas, no dia 17 de maio de 1992, o governador do PDS foi assassinado a tiros, no Hotel Della Volpe, centro de São Paulo. Envolvido em supostas falcatruas, ele estava na capital paulista de onde seguiria para Brasília para depor na Comissão Parlamentar de Inquérito (CPI) do Fundo de Garantia do Tempo de Serviço (FGTS), que investigava irregularidades no uso dos recursos desse fundo.

A hipótese de crime político fora levantada, em Brasília, pelo então diretor da Polícia Federal, Romeu Tuma. O governo local era acusado de malversação de verbas para a construção do Canal da Maternidade, um episódio que também enquadrava o ex-ministro do Trabalho Antonio Rogério Magri.

O Acre vivia seu próprio *Annus Horribilis*,[1] e, ao longo de toda a década, viraria sinônimo de violência, corrupção, atraso, enfim, de más notícias.

Marina estava cansada. Sem dinheiro, sem saúde e com outros colegas despontando como lideranças promissoras, caso de Marcos Afonso, do PCdoB. Ela não tinha a menor disposição de entrar em disputas internas para concorrer a outros cargos. Passava-lhe pela cabeça candidatar-se a deputada federal, mas se sentia desencorajada.

Surgiu, então, a proposta de sair candidata ao Senado, simplesmente porque não havia mais ninguém para a vaga. Seria uma saída honrosa da política, ela pensou na ocasião. Voltaria a dar aulas, teria uma rotina menos exaustiva.

Achei que seria melhor me despedir da vida pública saindo candidata ao Senado. Ninguém no PT queria ser candidato, não havia a menor chance de se eleger. Nabor Júnior tinha mais de 60% das intenções de votos; Aluísio Bezerra, uns 30% e Narciso Mendes vinha em terceiro. Todos eles políticos profissionais. Eu estava em último lugar, com baixíssima adesão, segundo as pesquisas.

No entanto, embora as pesquisas mostrassem menos de 3% das intenções de voto para Marina, sua intuição, quando a campanha foi às ruas, sinalizava-lhe algo diferente. O esforço de publicidade elaborado por aquela turma de apaixonados foi marcante e é relembrado com saudade por todos os que dele participaram. Foi nesse tempo que o grupo mais ligado a Jorge Viana começou a ser chamado de "meninos do PT", um apelido pejorativo cunhado pela oposição e que acabou colando. Eram eles os irmãos Tião e Jorge Viana, Binho Marques, Toinho Alves e Marina Silva.

Embalada por um sucesso de Daniela Mercury, a campanha para eleger Marina senadora tinha a estratégia de trabalhar o segundo voto, o "voto do coração". Como eram duas vagas ao Senado e Nabor Júnior estava praticamente assegurado em primeiro, a ideia era convencer o eleitor a dar uma chance a Marina, a votar com a emoção.

Os estrategistas criaram um gesto com a mão fechada, erguida em posição vertical, o polegar levantado, sugerindo a forma de um coração. A canção tinha um refrão forte, de tambores, e cadenciado, e a moda era levantar a mão esquerda e cantar com toda a energia: "Avisa lá que eu vou!".

Eu passava na rua e as pessoas faziam assim (ela levanta a mão imitando o gesto e a lembrança a emociona). Eu pensava: "não pode estar certo esse quarto lugar na pesquisa", porque por onde eu passava as pessoas faziam aquele sinal, levantando a mão esquerda.

Toinho Alves passava horas em uma ilha de edição capenga, trabalhando as gravações para a televisão. Enquanto esperava, Marina dormia num banquinho de madeira, na porta do estúdio. Acordava com os cabelos, que eram armados, parecendo uma divindade mitológica. Um dos assessores brincava com ela: "Isso aí é uma candidata ou o quê? Vai pentear esse cabelo, tá parecendo a Medusa".

Era uma paixão aquele tempo, era só coração, havia uma aliança com a sociedade. Eu tinha andado aquele Acre todo, sempre muito fraca, fazendo campanha sem muita condição física nem estrutura. Só não podia ir com muita frequência ao Vale do Juruá, onde o deslocamento era difícil e a resistência ao PT era grande. Tudo o que fiz tem o calor e as digitais de cada acriano.

O senador Tião Viana se lembra dessa fase especial dos "meninos do PT":

> Podíamos associar as utopias com a realidade; as contradições partidárias eram muito pequenas. Até porque o PT estava surgindo, não tinha tido ainda a oportunidade de governar. A Marina simbolizou a transformação de nossas utopias em realidades. Ou seja, ela ganhou um mandato de senadora e cumpriu rigorosamente a coerência de toda a concepção programática que tinha como candidata e com o mandato parlamentar: a ética, a visão de desenvolvimento sustentável e uma nova forma de caminhar na luta política.
>
> Então, essa foi a grande convivência que nós tivemos, em 1994, na eleição dela para o Senado. E, ao mesmo tempo, os momentos fantásticos de

> dificuldades que vivemos na campanha, de não ter dinheiro para a gasolina nos carros, de não ter dinheiro para viajar para os municípios porque não havia como fretar aviões.
>
> Era toda essa dura realidade associada à utopia que foi muito marcante. O que mais chamava a atenção era a força de gigante que tinha a Marina, pela sua simplicidade e pelos seus valores éticos e espirituais associados ao debate político.

Paralelamente a toda essa adesão e ao apoio popular, a oposição dos fazendeiros e pecuaristas aos petistas em geral e a Marina, em particular, era enorme na região. Era mais fácil, naquele tempo, encontrar quem falasse mal da personagem. "Radical, comunista e baderneira" eram alguns dos adjetivos a ela atribuídos.

A campanha, no entanto, prosseguia com toda força. Eram promovidos debates entre os candidatos, e Narciso Mendes, o terceiro lugar nas pesquisas, era quem mais cedia espaço a Marina, escolhendo-a sempre para fazer perguntas. Na verdade, seu objetivo era expor e diminuir a candidata. Mas Marina acredita que essa tática acabou por favorecê-la.

Na primeira entrevista coletiva que deu em Rio Branco logo depois de se ter filiado ao Partido Verde, em 2009, Marina agradeceu publicamente a Narciso pela oportunidade que lhe dera ao abrir o debate com ela, naquela campanha. O candidato aparentemente subestimou o potencial da deputada, e os resultados evidenciados nas eleições de 1994 levaram o Brasil inteiro a voltar os olhos para o Acre. Dessa vez, a notícia era boa.

capítulo 16

a senadora

Tomar a cena política de surpresa com candidaturas inesperadas parece ser uma vocação antiga de Marina. Transformar adversários em colegas, também.

Narciso Mendes hoje fala mais manso do que falava nos anos 1990. Em sua sala, no prédio onde fica a sede da TV Rio Branco, uma concessão que obteve enquanto era deputado federal constituinte, um vaporizador espirra a cada nove minutos um jato de desodorizante para neutralizar os odores dos cigarros, que não consegue largar. Opositor clássico de Marina Silva quando ela surpreendeu o cenário político amazônico lançando-se candidata ao Senado pelo PT, hoje ele lhe reserva não poucas palavras de apreço e até mesmo de gratidão.

> Aquela eleição dela foi muito importante para o Acre. Agradeço a Deus porque foi ela quem se elegeu. Se eu tivesse me elegido no lugar dela, eu não teria dado projeção ao mandato de senador como ela foi capaz de dar. O fato de ser mulher, de ser negra, de ser jovem, tudo isso contribuiu.
>
> Muitos dizem que ela é uma fundamentalista ecológica, mas não a vejo assim. Ela conhece o assunto, defende as questões com proficiência, mas também é capaz de ceder a argumentos mais fortes que os dela. É, porém, incapaz de ceder, se os argumentos não a convencerem.

Narciso lembra o tempo da eleição ao Senado com entusiasmo:

> No passado, Marina não era tão angelical quanto é hoje. Ela era uma sindicalista braba, mas braba, uma arruaceira. Estava à frente de todos os movimentos populares do Acre. Sempre foi uma figura que se fazia ouvir.

Engenheiro civil formado pela Universidade Federal do Rio Grande do Norte, o empresário chegou ao Acre, em 1974, para trabalhar nas primeiras obras de saneamento do Estado, com a intenção de permanecer seis meses. Nunca mais voltou. Entrou para a política em 1982, elegendo-se deputado estadual pela antiga Arena. "Naquele tempo, ou você era da Arena ou do MDB. E ser da Arena era o maior dos pecados, era ser tachado de direitona radical", lembra.

Articulador da campanha de Fernando Collor de Mello no Estado, Narciso apoiou o ex-presidente até o fim. Entre as mulheres parlamentares, a esposa de Narciso foi a única deputada federal a votar contra o *impeachment* de Collor.

Sua carreira política começou a declinar quando foi acusado de ser o chamado "Senhor X", no episódio da venda de votos em troca da emenda da reeleição de FHC.

Narciso comanda hoje, ao lado dos filhos, um canal de televisão, a TV Rio Branco, que foi ao ar em 1989, ano em que ele era deputado federal. Também é dono do jornal *O Rio Branco*, de uma academia de ginástica, uma construtora e do único cemitério particular da cidade.

Marina podia ser "braba", mas, durante a campanha ao Senado, em 1994, num debate histórico na televisão, reunindo os principais candidatos, foi seu tom comedido que a favoreceu. Nabor Júnior estava certo de sua reeleição enquanto Narciso Mendes e Aluísio Bezerra, que disputavam o segundo lugar, partiram para um confronto público. Passaram a trocar acusações e farpas, alguns decibéis acima do previsto. Serena, Marina pedia que os dois se acalmassem, que mantivessem a compostura. "Ela aparecia como bombeira. Tudo o que na verdade não era, pois era uma incendiária".

A repercussão, no outro dia, foi grande. Há quem credite a subida de Marina nas pesquisas ao seu comportamento durante o debate, fora dos padrões conhecidos.

> Ela nunca foi pessoa de agredir verbalmente. Era dura na defesa de suas ideias. Talvez por isso ela tenha ascendido, porque já era uma pessoa singular.
>
> A disputa estava entre três, nos quais eu me incluía, sempre em segundo lugar, confortavelmente. Quando fui dormir na véspera da eleição, eu tinha convicção de que me elegeria. E que minha eleição impediria a de Marina. Qual não foi a grande surpresa. Enquanto o Acre inteiro imaginava que Nabor Júnior seria o grande vencedor daquele pleito, Marina Silva ultrapassaria, e muito, o seu número de votos. Foi a senadora mais votada; uma extraordinária surpresa.

O ex-desafeto histórico da senadora, Narciso Mendes, hoje está entre seus admiradores discretos que até incorporaram o discurso ecológico.

> Estou há 36 anos no Acre. Todo ano, a gente passa esperando a semana da friagem, a única época do ano em que as temperaturas caem acentuadamente, até 7 ou 8 graus. Antes, era um período do ano, em geral em julho ou agosto. É a fase que antecede a última grande chuva do inverno. Em 2009, essa friagem aconteceu seis vezes, em intervalos mais curtos, e eu começo a achar que estão mexendo em alguma coisa lá por cima, porque isso não é normal.

Ser reconhecida no Acre, um dos menores e mais pobres Estados do país, como uma política de carreira promissora era uma coisa. Desembarcar em Brasília para dar início a uma jornada ao lado de velhas raposas e lideranças calejadas era outra bem diferente. Tinha tudo para virar folclore: a seringueira analfabeta até a adolescência que ascende politicamente com um discurso retrógrado em favor da floresta, dos índios e dos sindicalistas.

Um jornalista experiente de Rio Branco chegou a escrever um artigo em que criticava Marina e profetizava que agora, sim, ela seria desmascarada, agora mostraria que era incapaz. Ao ler aquele artigo, Marina entrou em estado de alerta. Ela se diz profundamente grata ao articulista por ter escrito aquelas duras palavras quando foi eleita senadora.

Contrariando toda razão, já que o natural seria sentir-se ofendida, virar uma "onça", pelas palavras desabonadoras no momento de sua ascensão, Marina sentiu-se grata.

Porque, se ele não tivesse escrito aquilo, talvez eu não tivesse me preparado para enfrentar o que viria. No fundo, quando li o que ele escreveu, pensei assim comigo: meu Deus, esse homem tem toda razão.

Ela fez o que sabia fazer quando ficava insegura: enfiou a cara nos estudos. Começou a ler toda literatura disponível sobre como funcionava o Senado Federal, seu regimento interno, as comissões, a dinâmica das tramitações, o básico. A saúde continuava frágil e impunha limitações e descanso. Procurou correligionários, que lhe deram a mão, lhe mostraram a nova Casa, apresentando-a ao ambiente mais formal de Brasília.

Eduardo Suplicy, então o único senador do PT, foi um dos que mais a ajudaram nessa fase, hospedando-a por uma semana em sua casa. O deputado Sigmaringa Seixas (PT) e o recém-eleito governador do Pará, Almir Gabriel (PSDB), também a recepcionaram.

Era o ano em que o PT comemorava a chegada de outros quatro senadores a Brasília, ampliando o número total de parlamentares para seis. Eram eles: Benedita da Silva (RJ), Emília Fernandes (RS), Lauro Campos (DF) e José Eduardo Dutra (SE). "Dei a todos as boas-vindas e me dispus a ajudá-los no que fosse necessário. Disse a Marina que podia ficar em minha casa quanto tempo quisesse", relembra Suplicy.

Tornaram-se amigos, a ponto de Marina ter servido de ombro ao senador num momento delicado, o de sua separação da esposa, Marta, em 2001, após 36 anos de casamento. "Ela sempre me ouvia, me deu muito apoio nesse período. Também rezava por mim. Certa vez trouxe ao gabinete um pastor para conversar comigo, aconselhar-me. Sou católico, mas fomos juntos a sua igreja em outra ocasião".

A mídia explorou bem a eleição da mais jovem senadora da República, e ex-seringueira. Boris Casoy, âncora de um telejornal do SBT, comentou que tudo se poderia esperar de um país que já elegera o "Cacique Juruna". Era uma alusão à escolha, em 1982, do primeiro indígena brasileiro, que foi deputado federal pelo PDT do Rio de Janeiro entre 1982 e 1986.

Noutro programa de entrevistas, em São Paulo, a apresentadora confidenciou, cuidadosamente, a Marina que deixara de veicular o comentário de uma telespectadora que lhe parecera ofensivo à senadora. Marina quis saber o que era. "Uma professora aposentada de São Paulo, disse que tinha gostado muito de você porque você parecia uma pessoa. Como se na verdade estivesse esperando ver um bicho", interpretou a jornalista.

Marina ficou com o contato da professora e, alguns dias mais tarde, telefonou para ela.

— Olá, quem fala é a senadora Marina Silva.

— Minha filha, que surpresa! — disse a professora do outro lado da linha.

— A senhora ligou para o programa de televisão, mas não foi possível colocar seu comentário no ar, então resolvi telefonar para entender melhor sua pergunta.

— Mas que coisa boa, minha filha, eu gostei muito da sua entrevista, você nem parece um político, não fala como político, não tem jeito de político. Parece um ser humano!

Num instante, Marina percebeu que a telespectadora fizera-lhe, na verdade, um elogio, e a jornalista temera que pudesse soar como ofensa.

Escutando aquela senhora, pensei: é um anjo falando comigo, uma pessoa me ensinando que para ser político não preciso ter um discurso mecânico, que não fala de dentro. Ter aquele gestual, aquela entonação, o mesmo estereótipo.

Ao ouvir a voz do anjo, decidiu esforçar-se por preservar a naturalidade e evitar o jogo da aparência. Continuou vestindo as mesmas roupas, as longas saias de algodão, os xales, os colares artesanais de sementes de jarina. Uma assessora tarimbada do Senado falava mal das roupas de Marina no elevador, e foi surpreendida por um amigo da senadora. "Desculpe, mas vocês precisam dar um jeito naquelas roupas da senadora, ela está precisando de assessoria pessoal", reclamou.

Algumas semanas depois, a jornalista Danuza Leão escreveu um artigo para *O Globo*, elogiando o estilo elegante e original da senadora da floresta. A assessora, então, ao cruzar com Marina pelos corredores do Senado, disse a ela: "Parabéns, senadora, eu também sempre achei a senhora uma das mais elegantes da Casa".

Embora preserve o estilo, com o passar dos anos, foi fazendo algumas concessões. Já é vista eventualmente usando roupas mais coloridas e sapatos com saltos altos. Também passou a usar xales, não como acessório estilístico, mas para proteger-se do ar condicionado. Marina é muito friorenta.

Toinho Alves, meu conselheiro político, sempre foi filosófico. Foi ele quem me explicou que eu tinha a característica de uma pessoa que não se coloca em disputa com a persona, *o personagem criado. Isso, segundo ele, confere legitimidade. Geralmente, os artistas, as celebridades e os políticos criam uma* persona *e a separam da pessoa. E essa cisão faz da* persona *algo sem vida, artificial.*

Penso que deste meu jeito é mais vivo, é ser inteiro e interativo. Mas, quando somos criticados, dói mais, porque a crítica atinge a nossa essência. Por exemplo, ao receber a crítica do jornalista de Rio Branco, eu poderia ter-me cercado de defesas, ficado com raiva, respondido. Se eu tivesse feito isso, não teria escutado a voz do anjo que falou comigo, dizendo que eu precisava me preparar. Porque ir para o Senado realmente era um desafio para gente de topete bem mais grosso. E porque o preparo também não deixa de ser uma conquista.

Existe o milagre do preparo. E o primeiro milagre do preparo está em ter capacidade de pedir a Deus força e coragem para não nos acomodarmos. Força e coragem para não nos bastarmos. Para estar sempre ali, aos pés dele, buscando nele a melhor forma de completar minha missão e de me completar no olhar do outro, na sua escuta e no seu acolhimento.

Certa vez, um jornalista procurou-a e convidou-a para gravar uma entrevista. Ao chegar ao lugar da gravação, Marina deparou com um "cenário", montado pela produção, composto por uma cadeira, algumas samambaias artificiais e uma onça de plástico. Quando viu aquilo, Marina quis saber de que se tratava. O repórter, justificou:

> — A senhora é senadora da Amazônia, assim vai ficar dentro do contexto.
>
> — Se você quiser fazer uma entrevista comigo lá na floresta, eu vou. Mas do lado dessas coisas de plástico aí, eu não vou sentar não. E mais, se for lá, na floresta, e tiver uma onça, se você tiver coragem de fazer a entrevista, você faz, porque eu não tenho — respondeu-lhe Marina.

A tentativa de folclorizar sua pessoa e seu mandato foi constante, a princípio. Para o senador Eduardo Suplicy, Marina foi, aos poucos, se fazendo ouvir, e ganhando o respeito dos colegas do parlamento, com pronunciamentos sempre bem fundamentados e recheados de imagens míticas da floresta. "Ela sempre teve um estilo diferenciado, citando, em seus discursos, histórias da sua vida na mata e trechos das Escrituras Sagradas. Era sempre bom ouvi-la".

Mas nem todos quiseram diminuí-la. O primeiro a introduzi-la em rede nacional de televisão, num programa de entrevistas, foi Jô Soares. Foi ele quem a apresentou ao Brasil, já senadora eleita. Foi respeitoso e afetuoso, e a repercussão do programa foi grande. Dali, surgiu uma amizade entre os dois. Jô convidou Marina Silva outras três vezes para sentar-se em seu sofá.

Ao jornalista Boris Casoy, ela escreveu uma carta-resposta, na qual afirmava que ainda que pertencesse às comunidades tradicionais, que não eram conhecidas como deveriam no país, isso não significava necessariamente um prejuízo político ou moral ao Senado brasileiro.

Aquilo era um preconceito típico de quem pensa que o Brasil tem de ser do Sul, dos brancos e dos letrados, como se ser simples e ser do povo não pressuponha contribuição efetiva. Não como regra, porque tem gente boa e gente ruim no meio dos simples. Não estou sacralizando-os. Mas não se pode partir do princípio de que, se é simples, a priori, já está desqualificado.

Essa fase de mudança para Brasília, em que o mundo tornou-se grande e ameaçador, para abraçar uma tarefa que lhe parecia desmedida, guarda vários pontos em comum com a que vive atualmente.

É um preparo para uma coisa maior. Tenho pedido muito a Deus que eu tenha "olhos para ver e perceber e ouvidos para ouvir e compreender" tudo isso que está acontecendo. Quando ouço as críticas, os elogios, quando sinto a indiferença, quando percebo a falta de relevância. O mais difícil de tudo é lidar com a indiferença. Mas ela também nos ensina.

Tive muito medo que o Lula estivesse sendo indiferente comigo. Porque saí do governo e ele resolveu não falar comigo, quem falou foi o Gilberto Carvalho. Depois saí do PT, e ele não falou comigo, mas sim os outros companheiros do PT. Depois disso, a gente ainda não se encontrou.

Ela passa então a relembrar o período mais duro de sua jornada política, justamente quando deixou o Ministério do Meio Ambiente, em 2008.

Fiz de tudo para que a transição fosse respeitosa, sem deixar de dizer as verdades que precisavam ser ditas para o bem da Amazônia e do próprio governo. Mas essa coisa da indiferença é muito ruim. Não só porque ela nos afeta enquanto sujeito ignorado, mas porque alguém que trata o outro com indiferença revela algo muito pequeno de sua personalidade. Mesmo estando fora do governo e do PT, penso que continuo tentando ajudá-lo (Lula).

Ao terminar essa frase, Marina começa a chorar.

capítulo 17

na tribuna do Senado

Foi com um pronunciamento de 1069 palavras, excluindo as respostas a quatro apartes recebidos, que, vinda da profundeza da floresta, a seringueira negra, pobre, doente, usando um vestido florido recém-adquirido a peso de ouro numa loja refinada de Brasília, e um colar por ela mesma desenhado, com a visão turva e as mãos frias, subiu à tribuna do Senado Federal, em 16 de fevereiro de 1995, doze dias após ter completado 37 anos, para apresentar-se ao Brasil como a mais jovem senadora eleita na história da República.

Começou sua fala emocionada e firme, pedindo a Deus sabedoria e humildade para desenvolver seu trabalho. Lembrou aos nobres senadores ali presentes algo que eles costumam esquecer: a esperança que os então 157 milhões de brasileiros depositavam na Casa, acreditando ser o Senado um lugar de onde podiam sair respostas concretas para os problemas cotidianos da população. Disse que trazia uma tarefa importante: mostrar ao Brasil sua outra metade.

> Cinquenta por cento do território brasileiro não é conhecido. Chama-se Amazônia. Ao abordar esse tema, não trago para esta tribuna uma discussão meramente regional. Os problemas do Norte e Nordeste não são regionais; são problemas brasileiros, e devem ser tratados como tal. Por essa razão, sras. e srs. senadores, nas discussões desta Casa, nos debates sobre nossas dificuldades, devemos encará-los dessa forma.
>
> O desenvolvimento da Amazônia representa uma saída para o Brasil e tranquilidade para o Planeta; disso não tenho dúvida. Minha tarefa no Senado Federal será levantar essa discussão.[1]

Com sua voz estridente, os cabelos soltos, falou de temas que se tornaram sua marca: a necessidade do respeito ao diferente, a importância maior do ser sobre o ter, defendendo uma nova relação do homem com a natureza, a cultura e a vida. Num tom meio romântico, disse acreditar numa mudança de valores, em construir uma sociedade em que "a solução dos problemas econômicos deve ser, acima de tudo, a resolução dos problemas da vida das pessoas".

Defendeu a renovação cultural no Senado, com o objetivo de alcançar o "propósito comum de defender o Estado que representamos". Sugeriu que se começasse "pela nossa Casa a grande mudança que o Brasil espera de todos nós". E foi além:

> A política, infelizmente, e os políticos são motivo de achincalhamento. Ser político, muitas vezes, é assumir posição de chacota perante a sociedade. Reconheço, sras. e srs., que nem sempre merecemos o contrário. Às vezes, o legislar em causa própria, o corporativismo, o não-estar atento aos grandes problemas da Nação fazem com que a população tenha essa visão da política e dos políticos. Precisamos assumir o desafio — acho que há boa vontade da nova Mesa, dos Parlamentares que nesta Casa já estavam e dos que estão chegando —, assumir o compromisso de fazer o que se espera desta Casa, que é ainda o desaguadouro das grandes questões sociais.

Neste momento, o senador Ney Suassuna (PMDB-PB) fez o primeiro aparte ao discurso: lembrou a senadora que a Casa já tinha criado um grupo para reformular rotinas administrativas e para trabalhar a imagem do Senado Federal.

O segundo aparte veio do senador Pedro Simon (PMDB-RS), num tom mais pessoal e emotivo. Saudou-a afetivamente, falando de sua legítima representatividade e da honra que era recebê-la.

> A presença de V. Exa., seu discurso, sua biografia honram esta Casa. Digo muitas vezes, nobre senadora, que em nossos gabinetes de senadores, ministros, governadores e deputados, e principalmente em nossos apartamentos de Brasília, normalmente podem chegar pessoas que têm posses e condições, como empresários, homens de comunicação, pessoas importantes.

> Mas, às vezes, esquecemo-nos daqueles que mais precisam de governo, daqueles trinta e dois milhões que passam fome, daqueles que por este Brasil esperam uma nova realidade.

Simon falou da necessidade de cada senador chegar ao final do dia com uma pergunta comum:

> Hoje, o que eu fiz para que, no Brasil, as pessoas sofram menos, tenham um pouco menos de injustiça, um pouco mais de caridade no lar? O perigo que corremos é que esse grande debate, essa grande discussão, que, às vezes, é acadêmica, às vezes fica no alto das grandes teses e das grandes polêmicas, não chegue às pessoas mais simples, mais necessitadas.

Elogiou a sugestão de Marina Silva quanto à busca por unidade na Casa.

> Que bom ter V. Exa. aqui! Que emoção vê-la nesta Casa, representando, debatendo, com a coragem do seu pronunciamento, dizendo com todas as letras: "Quantas unidades podemos encontrar no interesse da Nação?" Por que ficamos a debater dias, madrugadas, anos, as divergências que temos e não nos unimos em torno, como diz V. Exa., das nossas unidades? Alguém é a favor de que 32 milhões passem fome? Alguém é a favor das disparidades sociais e regionais deste país? Pois se há imensas unidades que nos unem, por que não nos damos as mãos? Por vaidade? Por incompetência? Por irresponsabilidade? Tem razão V. Exa.: se queremos mudar, devemos começar aqui.

Catorze anos mais tarde, Pedro Simon subiria à mesma tribuna, com muito mais cabelos brancos, trazendo um depoimento bem menos otimista. Constrangido, ele se pronunciou no dia 25 de junho de 2009 contra o pior escândalo de corrupção jamais enfrentado pela instituição, envolvendo a criação de atos secretos pelo diretor-geral do Senado, Agaciel Maia, sob as vistas do presidente do Senado, José Sarney. As denúncias envolviam mais de 650 decisões tomadas sigilosamente para favorecer apadrinhamentos e corrupção no local de trabalho de Suas Excelências em anos anteriores.

> Digo aqui com profundo sentimento de mágoa, não gostaria de dizer o que vou dizer: o presidente Sarney tem de se afastar da Presidência (do Senado). Lá no início já disse isso, não da tribuna, não na imprensa. O presidente Sarney deve se afastar desse processo, para o bem dele, da família dele e deste Senado. [...] Há um mês eu dizia: é melhor o presidente Sarney sair antes que ele seja obrigado a sair. Hoje eu repito: é bom que o presidente Sarney largue a Presidência do Senado antes que a sua situação na Presidência do Senado fique insustentável. Ele tem de sair.

Apesar do apelo deste, de outros senadores, entre os quais Eduardo Suplicy, que ousou levantar em plenário um simbólico cartão vermelho a Sarney, a própria Marina Silva, já em seu segundo mandato, e do clamor da opinião pública, Sarney continuava firme na presidência do Senado até a finalização deste livro.

Percebendo o acolhimento respeitoso oferecido à recém-chegada, o experiente Nabor Júnior (PMDB-AC) não quis ficar de fora, e também saudou a colega acriana. Foi breve.

> A colega de representação do nosso Estado está muito bem na tribuna, merecendo a atenção de todos os senadores. Registro a minha satisfação em poder participar, embora modestamente, desse seu brilhante pronunciamento. Parabéns!

Suplicy cumprimentou Marina de forma mais pessoal.

> V. Exa. traz a esta Casa a voz daqueles que vivem na imensidão da Amazônia. Certamente colaborará para que venhamos a aprender com os demais senadores da Amazônia certos aspectos ainda pouco conhecidos por nós. V. Exa. vem aqui com a chama da indignação, com o amor às causas mais caras do povo sofrido. Cumprimento-a por trazer essa chama para a luta infindável que teremos pela frente.

Suplicy foi o último aparte e em seguida Marina Silva concluiu seu pronunciamento. Ela pediu aos colegas que todos ali tivessem humildade para prosseguir no trabalho, garantindo que não se tratava do pedido de uma "sonhadora ingênua", mas sim de uma "sonhadora dada aos desafios". Concluiu com uma frase tirada de um livro de Anthony Robbins:

> "A boa madeira não cresce em sossego; quanto mais fortes os ventos, mais resistentes são as árvores". Aprendi com as árvores resistentes da Amazônia que devemos ter persistência, e que, por mais que não haja sossego, temos de solidificar, com raízes profundas, os ideais em que acreditamos.

De lá para cá, na Praça dos Três Poderes, um brasileiro que admire do lado de fora o prédio projetado por Oscar Niemeyer não poderia afirmar que os senadores tiveram "ouvidos para ouvir" nem aquele nem todos os outros apelos por unidade, consideração com o sofrimento diário do povo ou por um trabalho persistente em favor das boas causas em que houvesse consenso. O que se viu foi a continuidade das discussões acadêmicas localizadas no "alto das grandes teses", da prevalência da luta, não por "nobres ideais", mas pela manutenção da "vaidade", da "irresponsabilidade" e da "injustiça".

Uma das primeiras providências foi mandar retirar o carpete. O senador que a antecedera no apartamento funcional, Dirceu Carneiro (PSDB-SC), criava cachorros e nem os pelos dos animais nem o carpete combinavam com uma moradora tão terrivelmente alérgica quanto Marina.

Foi orientada por funcionários do Senado de que havia licitação para uma reforma-padrão no apartamento dos senadores. Embora o local precisasse de uns consertos, pois havia vazamentos no banheiro, a senadora não concordou em contratar um pacote completo, que incluía desde a troca das cortinas até a colocação de banheiras novas. Fechar uma reforma total implicaria ter de mudar com a família para um hotel, por vários meses, uma ideia que não lhe agradava.

Recusei a reforma-padrão porque aquilo não combinava comigo. E não achava que havia necessidade. Vinha de uma casa muito modesta e não queria quebrar de repente aquele modelo, era até um processo educativo para as crianças. Eu sabia que aquela era uma realidade transitória.

Meus amigos ficaram chateados, me chamaram de novo de paranoica. Porque optei por tirar só o carpete, demorou três meses para que isso fosse feito. Eu também não queria ficar morando em hotel com as crianças, tão acostumadas a brincarem soltas em quintais.

Algum tempo mais tarde, alguns senadores, entre eles a petista Benedita da Silva, foram envolvidos numa denúncia sobre gastos excessivos na reforma dos apartamentos funcionais do Senado. Marina Silva afirma que muitos senadores haviam contratado o pacote, e "havia uma lógica" naquele contrato, que previa um conjunto fechado de melhorias.

Mas pegaram a Benedita para Cristo. Por quê? Porque ela era pobre, ex-favelada, negra? E, por isso, não podia ter uma banheira de hidromassagem em seu apartamento? Nunca vi ninguém fazer polêmica com a banheira do senador Antônio Carlos Magalhães, por exemplo.

Além do piso, que ficaria só no madeirite, os móveis foram, aos poucos, substituídos. Os anteriores eram modernos, de vidro e alumínio, não iam com o jeitão da família. Ela pediu que fossem removidos ao almoxarifado do Senado. No lugar, começou a colocar peças de madeira, mais artesanais.

Eu brincava com as meninas: "Vamos tribalizar um pouco isso aqui". A gente ia lá no almoxarifado do Senado catar coisas velhas, que eu achava bonitas, e elas perguntavam: "Mamãe, isso aqui é tribal?" Quando conseguíamos encontrar um objeto que tivesse a nossa cara, e arrumávamos em casa um novo cantinho, cantávamos assim, para comemorar: "Tribalizamos, tribalizamos!". Era uma festa.

A sala do apartamento, ainda com o velho carpete, serviu para reunir um grupo de assessores que faria o planejamento estratégico do mandato. Participaram desse time o marido, o ex-secretário municipal de planejamento de Jorge Viana, Gilberto Siqueira, o amigo Toinho Alves, a jornalista Maristela Bernardo e a equipe do gabinete. Fábio, ao mudar-se para Brasília, foi trabalhar como funcionário do Grupo de Trabalho da Amazônia, uma rede que promove a participação das comunidades da floresta nas políticas de desenvolvimento sustentável.

Definimos naquelas reuniões qual era o nosso sonho ao fim do mandato: que a Amazônia tivesse maior visibilidade na agenda de debates, em plano nacional; que a gente pudesse ter também alguma inserção internacional, que nos ajudasse a alavancar essa luta; que pudéssemos fazer a agenda do meio ambiente ganhar credibilidade junto à opinião pública. Tínhamos vários sonhos, que na época pareciam impossíveis, mas que, pela misericórdia de Deus, além de muito esforço e dedicação, foram se concretizando.

Deu um jeito na decoração e nas alergias, mas a saúde continuava precária. O ar seco do Planalto a incomodava. Havia tempos não aparecia no médico. Durante a campanha para o Senado o tratamento fora praticamente abandonado.

Marina devia ao Banco do Brasil por causa das muitas despesas dos anos anteriores de visitas a médicos e hospitais em São Paulo e Santos. Os cuidados agora se limitavam a seguir uma alimentação regrada e tomar um remédio quelante, receitado tão logo Mayara fora desmamada.

Ter acesso ao plano de saúde dos senadores permitiu que retomasse as consultas. Padecia com dificuldade para ler, porque tinha visão dupla, com crises de hipoglicemia, tonturas, tremores, enfim, sintomas generalizados decorrentes ainda dos altos níveis de metais pesados no sangue.

No fim do ano de 1996, soube de uma clínica em Santiago do Chile que era conhecida por suas bem-sucedidas terapias alternativas de desintoxicação, e viajou para lá.

Fui para o Chile e fiquei ali mais de um mês. O tratamento, baseado numa alimentação naturalista, chás de ervas e banhos quentes e frios, fez meus rins voltarem a funcionar direito. Eu tinha muita retenção de líquidos e aquilo me ajudou bastante. Na época me custou 5 mil reais.

A desintoxicação lhe conferiu certo ânimo, mas não significava que tinha sido curada. O médico que começara a cuidar do caso de Marina recomendou-lhe fazer uma consulta com os médicos do prestigioso Massachussetts General Hospital, nos Estados Unidos, um dos hospitais mais modernos do mundo. E ela seguiu para lá em 1997, onde passou por diversos exames.

Recebeu a confirmação de que ainda estava contaminada por mercúrio. Os médicos americanos informaram que havia uma nova droga quelante (DMSA) sendo usada em alguns países para casos como aquele, mas que ainda não fora aprovada pelo FDA (Food and Drug Administration). Poderia ser uma alternativa para o caso da senadora. Diante de seu histórico clínico, contudo, tomar o medicamento era uma opção altamente arriscada.

Eu já tinha tomado no Brasil um medicamento que me dera sobrevida. Mas ainda fazia um esforço muito grande para ler, e era tudo muito precário. Tinha de me alimentar a cada hora, para não ter quedas rápidas de açúcar e desmaios. Cheguei a ter uma convulsão. Mas os médicos nos Estados Unidos disseram que não poderiam ministrar a nova droga. Os riscos incluíam hepatite medicamentosa grave, paralisação renal ou choque anafilático. Por ser hiperalérgica, durante a gravidez de Mayara, tive edema de glote e quase morri. Para quem já tivera três hepatites, cinco malárias e era dona de um fígado frágil e de rins que só recentemente voltaram a funcionar direito, não dava nem para considerar tomar um remédio que pudesse me causar tanto mal.

Com um currículo desses, provavelmente os médicos americanos não teriam receitado o medicamento, ainda que já fosse liberado. Mais uma vez, Marina estava diante de um péssimo diagnóstico. Um caso aparentemente sem solução.

capítulo 18

a conversão

Marina voltou dos Estados Unidos, naquele ano, desalentada. Embora os tratamentos alternativos experimentados lhe conferissem fôlego para ir adiante e trabalhar, ela sabia que continuava doente. Mais do que saber, ela se sentia muito debilitada.

São comuns, nessa fase, registros de pronunciamentos seus na tribuna do Senado Federal em que ela pede licença para falar sentada. Não tinha forças para manter-se em pé.

Seu estado de espírito não poderia ser pior quando decidiu visitar seu médico.

Voltei para o Brasil muito desanimada. A única coisa que me ajudava nessa fase eram a medicina ortomolecular e a homeopatia. Os sintomas eram generalizados demais e não havia um remédio específico para o que eu tinha. Ao narrar toda minha tristeza ao médico, ele virou para mim e me disse: senadora, a senhora não precisa de um remédio, a senhora precisa é de um milagre.

Aquela frase a surpreendeu e constrangeu. "Que sujeito inconveniente", pensou na hora. "Eu aqui, me tratando com ele, faço tudo o que ele recomenda e, nessa hora de fragilidade, ele vem falar comigo sobre milagre?" *Fiquei com muita raiva dele.*

Não é que não acreditasse em milagres. Julgava, porém, que curas inexplicáveis eram eventos extraordinários, destinados a pessoas especiais. Não podiam ser banalizados.

Eu era uma pessoa de fé, mas falar daquele jeito comigo? Eu até acreditava em milagre, mas não acreditava que pudesse acontecer comigo. Fiquei muito chateada com ele, mas, na mesma hora, ele teve uma atitude surpreendente. Disse que conhecia um homem de Deus, um pastor, e queria que ele fizesse uma oração por mim. Foi pegando o celular e ligando para um pastor.

Eduardo Gomes admite que aquele foi um gesto ousado.

> Vendo as dificuldades em que ela se encontrava, eu lhe falei sobre minha fé em Jesus Cristo e coloquei um missionário na linha para conversar com ela. Ele fez uma oração por ela e passou a acompanhá-la a partir de então.

Sem se dar conta, o geriatra reproduziu em seu consultório a mesma abordagem de alguns pacientes evangélicos. Criado no catolicismo romano, mas praticante do kardecismo, o médico afirma que foi atraído ao protestantismo depois de ter sido "evangelizado", ali mesmo em sua sala, por antigos pacientes. Alguns inclusive oraram por ele durante a consulta. Ele diz que se sentia muito bem quando isso acontecia.

Mas a reação de Marina Silva àquela abordagem heterodoxa para seu problema de saúde não foi das melhores. Achou que o médico era um charlatão. Imaginou que ele já teria combinado com algum picareta de "pegá-la" numa armadilha, ao tentar convencê-la a entrar para alguma seita maluca. Ela atendeu ao telefone para não ser grosseira, e o pastor do outro lado da linha saudou-a educadamente. Percebeu que ele não sabia com quem estava falando.

André Salles, pastor da Assembleia Bíblica da Graça, de Brasília, perguntou se poderia fazer uma oração pela "irmã", mostrando desconhecer que Marina não fazia parte do seu rebanho. Irmão André falou que oraria pelo telefone, e pediu que ela não estranhasse se ele falasse numa linguagem não compreensível, porque estaria orando "em línguas estranhas".

Marina ouvia tudo ceticamente, esperando o momento em que o pastor lhe daria o bote, descrevendo seus sintomas. "Se ele falar de doença", pensou ela na hora, "dificilmente vai errar, porque já tive quase todas".

Para sua admiração, o pastor do outro lado da linha não mencionou doença. Começou a orar pela saúde de Marina e em seguida passou a descrever, em detalhes, as características físicas de um homem, que ele percebia como uma ameaça para a senadora. Ao escutar as feições descritas, ela reconheceu a pessoa em questão. O pastor dizia ao celular que estava vendo, em fé, um homem que não gostava de Marina e que ela deveria ter cuidado com ele. No instante em que o pastor terminou a descrição, a senadora disse, em voz alta, o nome da pessoa.

Se eu descrever essa pessoa para você, lá no Acre saberão quem é, por ter essas características físicas marcantes. Mas, nem aquele pastor, que nunca tinha me encontrado, nem o doutor Eduardo poderiam saber de quem se tratava. Aquilo para mim foi impactante. E a partir daí passei a nutrir um sentimento de gratidão a Deus por ter usado aquele homem para que eu me aproximasse de Deus.

Marina recebeu a oração do pastor como uma "revelação de cunho espiritual", uma mensagem. Na mesma hora, quis marcar um encontro com ele, queria saber mais sobre seu trabalho. Era uma terça-feira, e ele disse que poderia recebê-la na quinta. Ela insistiu em vê-lo no dia seguinte. O pastor André sugeriu então que ela fosse a uma reunião de oração que ele conduzia num subúrbio de Brasília.

Escondida da família e dos amigos, a senadora rumou para o Gama, na quarta-feira, atrás daquele homem, que, quem sabe, teria a chave para sua cura. Mas não foi bem isso o que encontrou.

Quando cheguei lá, ele orou por mim, leu a Bíblia comigo e, depois, perguntou se eu queria confessar o nome de Jesus Cristo como meu Senhor e Salvador. Eu aceitei.

O tratamento de saúde continuava. Náuseas, desorientação espacial e mal-estar eram uma condição constante. O processo de degeneração neurológica causado pela contaminação com o metal pesado não fora revertido, apenas contido. Muitas vezes a senadora saía para algum lugar, a pé, e, de repente, não sabia onde estava ou como chegar aonde queria.

Depois daquele encontro, passou a frequentar regularmente um grupo de oração. Entrava em todas as filas de enfermos para ser abençoada e ungida pelos pastores, pedindo que os amigos da comunidade intercedessem por sua saúde. Embora se sentisse fortalecida emocional e espiritualmente, seu corpo padecia.

Ficou ali cerca de dois anos, boa parte do tempo buscando receber uma bênção especial de Deus para sua saúde. Mas o que relata ter experimentado naquele templo modesto de Brasília foi algo maior. *Encontrei-me com o Deus da bênção.*

Naquela fila de sofredores, ao receber a unção com o óleo que sela a fronte dos doentes, Marina teve uma experiência mística. Atrás de um punhado de fiéis, ela esperava, de pé, sua vez de ser ungida quando lhe vieram à mente as iniciais: DMSA.

Na hora não entendeu o que se passava. Seguiu adiante, recebeu a unção e voltou para casa, ainda com as letras na mente. DMSA.

Foi como um relâmpago que apareceu na minha mente. DMSA. Mas não entendi o que significava. Nunca tinha tido uma experiência como aquela. Quando cheguei em casa, eu me lembrei: é o remédio!

DMSA. A droga proibida que os médicos americanos tinham mencionado que poderia curá-la ou, da mesma forma, matá-la rapidamente. Ela mal conseguia esperar o dia amanhecer para telefonar a seus médicos. Queria saber se era possível tomar o remédio no Brasil. A visão, a seu ver, significava que ela deveria tomá-lo.

Perguntei a meus médicos se, assinando um termo de responsabilidade e importando o medicamento, eu conseguiria tomá-lo aqui. Eles disseram que sim.

Escondeu da família a decisão. Quando a medicação chegou, ela agendou as aplicações no serviço médico do Senado, sem avisar ao marido. Precisaria de três aplicações, uma por mês. Comunicou apenas os amigos de seu grupo religioso, pedindo que orassem por ela nos dias específicos marcados para o tratamento.

Senti uma coragem muito grande. Antes, eu morria de medo dos possíveis efeitos colaterais. Em condições normais, nunca tomaria aquele remédio, só de saber tudo o que poderia me acontecer. Mas aquela coragem era sobrenatural. Eu tinha certeza de que não ia me acontecer nada de mal.

Seis meses depois da terceira aplicação, foi submetida a novos exames, que revelaram a queda da taxa de mercúrio a um índice inferior à média prescrita pela Organização Mundial de Saúde, indicando que a senadora tinha sido curada da contaminação com o metal. Desde então, Marina Silva recuperou o vigor, embora a fragilidade física seja uma de suas características. Sua dieta ainda é repleta de restrições. Ela não usa cosméticos, não come chocolate nem laticínios, ingere pouco açúcar e tem ainda uma robusta lista de nãos.

Sente-se renovada. Ao relatar sua "história de conversão", no apartamento funcional em Brasília, numa tarde de abril de 2009, aparentava boa disposição e energia, divergindo de sua decantada imagem abatida. Estava inclusive com alguns quilos a mais, que lhe caíram muito bem.

Nessa mesma época, o doutor Eduardo Gomes, tentava agendar uma consulta para que ela retornasse ao seu consultório. Ele queria que ela retomasse a terapia ortomolecular. "Desde que ela se converteu, passou a precisar menos de mim".

Quando a senadora é inquirida sobre a singularidade de sua história e experiência de cura, depois de tantas outras superações espantosas, e se ela acredita que Deus lhe reserva algum tipo de missão especial, se ela se vê como uma pessoa escolhida, ela não responde, sem antes refletir:

Deus faz isso por qualquer pessoa. E o que acho mais maravilhoso é que, naquela fila de doentes, eu era qualquer pessoa, e continuo sendo qualquer pessoa. O que a gente tem de ter é essa disponibilidade para abrir a porta quando ele bate pedindo-nos para entrar. E ele faz esse pedido de diferentes maneiras. É essa disponibilidade que temos como cristãos, ou como pessoas que têm fé. Outros também a têm, pessoas guiadas por valores éticos e morais. Mas Deus se agrada, sim, quando a gente coloca esses nossos dons a serviço dele. E quando a gente não os tem, ele nos dá. Sinto-me especial para Deus, como são especiais todos os seres humanos dentro do projeto amoroso dele.

Sempre brinco que era um vaso quebrado pelo qual Deus pagou preço dobrado, com pagamento adiantado, para receber o vaso somente 37 anos depois. Porque tudo da parte de Deus na minha vida veio com um cuidado de bordado inglês. Eu era uma criatura muito vulnerável, como tantas pessoas que, com certeza, enfrentaram situações até de maior fragilidade que a minha. Seria muito prepotente da minha parte achar que fiz isso tudo por mim mesma, sozinha; acredito, sim, que houve um agir de Deus na minha vida, um cuidado amoroso.

Uma nova fase começaria a partir dessa descoberta. Contudo, a fraternal acolhida em sua nova comunidade religiosa não obteve ressonância na família e entre os correligionários petistas. A aguerrida militante comunista tinha virado crente.

capítulo 19

o impacto da conversão

Há encontros que mudam nossa vida para sempre. Um gesto, um toque, uma palavra de carinho. Aquele que antes era apenas um conhecido distante se transforma numa paixão. A pessoa chega para ficar. Algo mudou na forma de enxergá-la, ou talvez em como agora somos percebidos. Um olhar terno e empático penetra as entranhas, e fica difícil não se entregar.

Você passa a desejar a companhia daquela pessoa. Quer conversar com ela, dividir sonhos, pensamentos, anseios. Quer conhecer sua opinião sobre a brevidade do tempo e a complexidade da vida. Dos assuntos cotidianos aos mais delicados, é recostada nesse colo que a partir de agora você anseia contemplar o mundo. Nada mais é tão aconchegante; nada é suficiente. Seu coração dilatou-se e nada além daquele olhar e daquela presença podem ajudar a preenchê-lo. Os olhos mansos e doces daquela pessoa fizeram você, um pobre camponês, sentir-se desejado e valorizado como se fosse o amigo do Rei.

É um sentimento assim, avassalador, que algumas pessoas relatam experimentar ao se encontrarem no cristianismo. É um arrebatamento que as leva a uma mudança de rota. Se rumavam para o Sul, viram-se para o Norte. É um impacto tão grande, garantem esses novos convertidos, que se assemelha mesmo a uma paixão da juventude. A Bíblia a chama de "o primeiro amor".

Alguns deixam tudo para "seguir o Amado" e, dado esse ímpeto passional, se perdem pelo caminho. Outros se afastam dos amigos, da família, para dedicar-se exclusivamente a "esse chamado". Muitos constroem a partir daí obras socialmente relevantes e carreiras fundamentadas no altruísmo e no amor ao próximo. Outros, ainda, destroem povos, promovendo guerras fundadas no preconceito e numa leitura equivocada das Escrituras.

Os amigos de Marina, e até o próprio marido, torceram o nariz quando souberam da notícia de sua conversão. O despertar evangélico trouxe tensão ao casamento. A nova rotina de idas constantes à igreja e a reuniões de oração passaram a deixar Fábio incomodado. Chegaram a pensar em se separar, porque ele não compreendia aquela nova agenda.

> Eu achava um absurdo. Havia discussões: vai pra igreja de novo? Quem não é convertido sempre encontra um monte de desculpas para desqualificar o outro, porque no fundo o que você está rejeitando é o Deus da pessoa. Como eu estava fora de Brasília, a distância também nos prejudicou. Deu confusão. Eu fiz muito isso, desqualificá-la e brigar porque ela ia orar.

Mas Fábio mudou a postura. "Numa fase de conflitos, chega uma hora em que você pensa: ou aceita ou rompe. Quando percebi que aquilo era uma coisa real para ela, fiz a opção de esquecer".

Passaram-se alguns anos até que a influência da mulher e das filhas também o atraísse para a igreja. Fábio frequenta atualmente duas comunidades quando está em Brasília: a adventista, acompanhando Moara e Mayara, e a Assembleia de Deus, ao lado da mulher. Ele fala sobre a mudança:

> Marina começou a me convidar com aquele jeitinho dela: "Vamos, amorzinho?" Às vezes eu ia, meio contrariado. Devagarzinho, aquilo vai entrando em seu coração. Você tem um problema, as pessoas oram por você, você começa a ouvir a Palavra, você vê a fé das pessoas e, quando percebe, já foi fisgado.

A conversão de Marina Silva não influenciou apenas a família, mas muitos amigos e até colaboradores. Mas não sem antes provocar abalos sísmicos nas reuniões dos correligionários petistas. Iraílton Lima apresenta-se como um dos colegas de partido que mais questionaram a nova opção religiosa de Marina. Assessor do gabinete da senadora, em Rio Branco, em seu primeiro mandato, esse jovem idealista chegou a confrontá-la, sugerindo que desistisse da política e que fosse conduzir um novo projeto para virar santa.

> Fui muito hostil mesmo. Disse a ela que política não era lugar de santo. Fiquei bravo porque antes ela tinha outro padrão, era uma guerreira. Às vezes a gente queria uma ação mais enérgica e contundente em relação à

> conjuntura local, e ela vinha com uma atitude de transcendência, de leveza. Mudou o conteúdo e a forma. Ela nunca deixou de ser lutadora, mas a luta dela passou a ser outra.
>
> Antes Marina era do confronto, do conflito, da disputa. Foi da CUT por isso. Então, num determinado momento, sua nova atitude já não combinava mais com a antiga. O Toinho (Alves), o Carioca, eu, nós ficamos preocupados.

Iraílton conta que os amigos chegaram a duvidar da sobrevivência política de Marina Silva após sua conversão. Além de certa transformação pessoal, consideravam a possível reação dura dos antigos militantes eclesiais e da liderança da própria Igreja Católica com a notícia. Apesar do temor, nunca testemunhou nenhuma manifestação pública de preconceito ou descontentamento por parte dos amigos católicos.

Seus maiores críticos foram sempre os próprios camaradas petistas. Uma amiga chegou a dizer-lhe: nossa, eu a achava uma mulher tão inteligente, mas evangélica?

A antropóloga Jane Vilas Boas, assessora de gabinete de Marina em Brasília desde 1999, conhecia a senadora dos tempos de militância de esquerda, no movimento estudantil do Acre, mas perdera um pouco o contato quando foi eleita ao Senado. Quando foi assessorá-la na capital federal, estranhou a nova Marina que ali encontrou.

> Como Marina não tinha carro e não usava o carro oficial para suas atividades pessoais, geralmente eu a conduzia em meu carro aos compromissos confessionais, dos quais eu discordava. Eu ia para cultos pentecostais e ficava fazendo "análise antropológica das manifestações da fé, em forma ritualística, de pessoas de extrato social desprovido de bens". Era a única forma de eu me situar naqueles lugares, entre aquelas pessoas exaltadas, aos brados, gesticulando, orando todas juntas, cada uma sua oração diferente.

> Era um mundo exótico para mim, uma expressão diferente do cristianismo da que eu conheci no internato em colégios de freiras católicas, uma versão que me era desconhecida até então. Mas a amizade, o carinho, a solidariedade com o estado físico muito frágil dela me faziam abrir mão do tempo e dos fins de semana para acompanhá-la, mesmo tendo uma filha de apenas cinco anos e minha mãe morando comigo.

Responsável pela agenda de Marina, Jane afirma que frequentemente tentava reduzir a carga de compromissos, devido à debilidade de sua saúde, ao cansaço pela atividade intensa das obrigações parlamentares e ainda aos atos de militância ambientalista.

> Procurava deixar finais de semana livres e tempo para repousar. Mas, então, ela aceitava compromissos em igrejas, em locais de difícil acesso, ou em horários que entravam noite adentro. Frustrava-me muito, porque, para liberar espaço na agenda dela para uso pessoal ou repouso, eu enfrentava pressões, pessoas descontentes, demandas veementes dos outros assessores ou de outros parlamentares do Estado. Eu não compreendia quanto de fortalecimento espiritual essas atividades traziam para Marina, quanto o conhecimento da cosmovisão cristã a preparava para levar adiante um mandato ético e solidário com os despossuídos e com todas as formas de vida da criação.

Tanto Jane quanto Iraílton, então coordenador do Escritório Político no Acre, são hoje cristãos convertidos e frequentam igrejas evangélicas, ela em Brasília e ele, em Rio Branco.

A princípio, Marina costumava convidar Jane para encontros de oração e palestras, mas a assessora sempre recusava os convites.

> Acho que eu vivia um respeito irritado ou uma irritação respeitosa com tudo aquilo. Eventualmente ela me convidava para fazer acampamentos, e eu recusava. Na verdade só mudei de atitude, de visão e de compreensão quando, em 2001, eu própria me converti. Mas resisti até o momento do encontro e a verdadeira "trombada" que tive com Deus.

Iraílton acompanhava Marina aos cultos, de vez em quando, por ocasião de suas idas semanais ao Acre e levava a lancheira com frutas para a hipótese de Marina vir a sofrer uma crise hipoglicêmica.

> Marina traduzia meu discurso político, as coisas em que eu acreditava. Então, se ela precisava daquela lancheira para poder continuar viva, eu, ao contribuir para a sua sobrevivência, estava contribuindo para a realização do meu projeto político.
>
> O resultado da história é que depois de três cultos eu já ia com a maior vontade. Achava tudo aquilo extraordinário, era um culto muito vivo, muito alegre.
>
> Minha militância política sempre esteve fundamentada na crítica social, naquela velha indignação da Graúna do Henfil. Era assim: tá tudo errado, tem muita injustiça, não pode ser assim, a gente tem que combater as injustiças, tem que combater os que promovem as injustiças, tem que ir à luta. Mas, depois que você é absolvido pela ética cristã, que, entre outras coisas, dissolve o conflito da culpa existencial, você passa a enxergar a sua ação no cotidiano não mais orientada pela crítica ou pela violência, mas pelo amor às pessoas.
>
> Cheguei a dizer a Marina: não vejo mais sentido na militância. Até que um dia ela me fez ver que o fato de você ter mudado o seu ponto de referência marxista, da crítica social, para uma visão cristã de mundo, não implica abandonar os compromissos sociais, que se traduzem também como compromissos políticos. O que muda é a motivação para assumir os compromissos sociais.
>
> Na prática, se antes a militância política se assentava na necessidade de mudar o mundo derrotando a classe social dominadora e egoísta, hoje, a militância política se assenta num sentimento profundo de respeito pelo outro, numa visão de que, se o mundo precisa ser mudado, não é mais necessário para isso impor derrota a determinado grupo ou determinada classe social.
>
> Antes, nosso discurso era do conflito, entende? Era de ir pro pau, como se diz no PT. Agora, penso que o mundo precisa ser mudado pela transformação interior, pessoal, e para que as pessoas possam viver com dignidade. Não é mais um discurso de ódio, mas um discurso que convida ao diálogo e ao debate.

Os amigos de Iraílton, interessantemente, reagiram a sua conversão da mesma forma que ele reagira à de Marina. Teve um amigo que ficou anos reclamando dele: "Puxa, depois que você virou pastor, é horrível ouvir seus discursos".

Quanto a Marina, alguns *camaradas* a condenaram apenas a princípio, para depois cederem. Mas, entre os católicos, houve quem nunca a perdoasse por ter mudado de lado.

Frei Paolino Baldassari, um bolonhês de mais de oitenta anos, é campeão nacional de malárias, contraídas em seu trabalho de evangelização pelas florestas da Amazônia. Ele conta 82 vezes em que pegou a doença, praticamente uma para cada ano de vida. Numa existência dedicada a ajudar os miseráveis, deslocando-se em canoas e embrenhando-se em matas fechadas para curar verminoses, anemias e reumatismos com remédios feitos de plantas, esse italiano devotado não contém o palavreado quando trata de sua antiga discípula.

Marina Silva acabara de anunciar sua saída do Partido dos Trabalhadores, em setembro de 2009, quando Frei Paolino concedeu seu depoimento. Inquirido sobre o que pensava a respeito da decisão da senadora e que sentimento lhe suscitara a conversão dela ao protestantismo. Sua resposta veio direta e em tom de inconformismo:

> Fiquei muito decepcionado com ela. Mas não tive raiva. Raiva a gente não pode ter. E agora que deixou o partido, mais ainda. Ela deveria ficar lá e defender o PT com a própria vida. Fez com o partido o que fez com a igreja. Da igreja ela recebeu tudo: a saúde, o estudo. Teve tudo da igreja, tudo do partido, e agora dá um chute. Achei uma grande grosseria.

Assim que soube que Marina mudara de igreja, quis encontrar-se com ela, em Rio Branco, para uma conversa a sós, olhos nos olhos. A exortação duraria três horas. "Disse a ela que se quisesse se salvar, poderia ter ido para um convento, dentro da própria igreja católica, e não mudado de igreja." E acrescentou em tom mal-humorado: "Se eu me batizar novamente, em outra igreja, estarei renegando o Pai, o Filho e o Espírito Santo. Não sei o que pensa dom Moacyr, que sempre foi muito equilibrado e a apoiou. Mas cada um tem a sua opinião."

Para a revista Piauí, dom Moacyr afirmou que "não concebia a Marina como evangélica pentecostal. Porque os evangélicos luteranos, anglicanos, têm uma profunda tradição ideológica e política em favor da luta pelos pobres. Mas esses pentecostais, não".[1]

Para esta reportagem, o arcebispo de Porto Velho foi diplomático. Quando a questão envolveu sua opinião sobre a nova expressão religiosa de Marina, ele afirmou:

> Conversamos, com certa frequência, sobre aspectos éticos e religiosos que nos são comuns. Nunca fiz perguntas, nem pedi explicações. Nesse campo, só entro se convidado. Nossa amizade e confiança mútuas, na minha opinião, não foram afetadas por essa nova situação.

Ainda sobre o tema, o grande mentor espiritual católico de Marina Silva citou o evangelho de João, no capítulo 17: "'Que todos sejam um [...] perfeitamente unidos, para que o mundo creia'[2] é, creio, o que tentamos seguir, mesmo diante das inevitáveis divergências teológicas."

Na visão de Frei Betto, por sua vez, a nova opção de fé de Marina carrega uma espiritualidade mais própria das minorias cristãs, mais explícitas em sua vivência.

> É aquela coisa de Marina sempre andar com a Bíblia e de buscar o fundamento. Ela se encontrou mais na igreja evangélica — não se pode dizer que seja um segmento progressista, mas também não é reacionário — e isso deu a ela uma profundidade espiritual e um enraizamento bíblico que lhe permitem ser uma militante extremamente ousada em suas posições e concepções e com profunda vida espiritual. Ela exala essa espiritualidade. A experiência de Deus em Marina é uma coisa palpável. Ela tem um olhar de encantamento para o universo. Incorpora essa atitude de contemplação ativa da Amazônia como um ser vivo a ser protegido, como Gaia, de quem ela é filha, mas também é mãe. A Marina tem essa postura materna diante da Amazônia e da natureza.

Clodovis Boff acredita que Marina encontrou entre os protestantes um acolhimento mais pessoal e eficiente em um momento-chave.

> Antes, o povo sentia na igreja (católica) uma defensora e protetora. Trabalhamos muito a linha social e nos esquecemos da espiritualidade. E os protestantes deram a Marina o apoio de que ela precisava numa hora em que estava doente e fisicamente frágil. Muitos padres se sentem traídos até hoje por causa disso. Mas eles não foram atentos o suficiente para acompanhá-la humanamente em sua fase de enfermidade. Homem não é só política. Vem antes da política.

Se fez alguns desafetos entre os católicos, é certo que ganhou novos amigos entre lideranças evangélicas. Um desses conselheiros é Ariovaldo Ramos, que conheceu Marina quando ela já era ministra do Meio Ambiente. Ele se apresentou não como pastor, mas como membro do Conselho de Segurança Alimentar (Consea), criado pelo governo Lula a fim de tornar a sociedade civil assessora do Estado na construção de políticas públicas de combate à fome. Ramos recorda: "A maioria dos pastores que se envolve hoje com política é, objetivamente, fisiológica. Eles vão para buscar benesses, cavar verbas e oportunidades para suas comunidades locais".

Ariovaldo Ramos é respeitado entre muitos evangélicos por sua visão mais ampla quanto ao papel da igreja nas questões sociais. Defende a chamada Teologia da Missão Integral, que prega maior proatividade dos cristãos na resolução de problemas socioeconômicos. Em contrapartida, é criticado por uma ala mais conservadora que acredita que a igreja deva ater-se a pregar o evangelho e ajudar a melhorar as pessoas interiormente. Segundo esse grupo, política não é coisa para "crentes".

Ariovaldo, no entanto, afirma que o nível de discussão está melhorando, comparado ao que era há vinte anos.

> Quando começamos a falar sobre a necessidade de ser um instrumento de transformação social, éramos verdadeiros extraterrestres no meio de um povo que pregava um evangelho intimista, voltado exclusivamente para a salvação pessoal, para a igreja local. Naquele tempo, começamos a dizer que a mensagem de Cristo nos fazia agentes de mudança na sociedade. Tínhamos de chamar as pessoas não somente à conversão, mas toda uma sociedade à renovação. Promover a justiça, a equidade. Havia resistência,

talvez porque o discurso se assemelhasse muito ao da Teologia da Libertação ou ao espiritismo.

Ariovaldo acredita que Marina Silva tem ajudado a promover essa visão mais progressista dentro da igreja evangélica, chamando também os cristãos à responsabilidade socioambiental, resgatando-os de uma histórica alienação política. A ex-ministra milita hoje num movimento denominado Jubileu da Terra, que envolve ONGs como o Instituto Gênesis 1.28, e pretende despertar as igrejas e comunidades evangélicas para a necessidade da preservação da natureza por meio de ações práticas.

Após sua conversão, Marina Silva passou dois anos lendo quase que somente a Bíblia. Ela quis compreender melhor a experiência mística vivida e aprofundar seus conhecimentos sobre as Escrituras. Depois, comprou livros, recorreu a uma enciclopédia de filosofia e teologia, enfim, foi em busca de informação.

Passou a fazer muitas associações entre o que lia nas páginas sagradas e o conhecimento adquirido.

Fui encontrando textos que falavam não só de meio ambiente, mas que traziam aspectos trabalhistas — segurança no trabalho em Levítico, por exemplo, onde fala que "quando você construir a sua casa, faça um parapeito para que não caia alguma coisa em cima de alguém e morra e a sua casa fique manchada de sangue". Encontrei princípios de equidade que associei ao marxismo, que tem a máxima "de cada um segundo as suas possibilidades a cada um segundo as suas necessidades". Você vê isso em Moisés, no Êxodo, quando ele diz que ninguém poderia pegar mais do maná do que era necessário para comer — não era permitido fazer estoque do alimento. Não podia sobrar. Eu ia lendo isso e fazendo minhas anotações.

Num curso de especialização em teoria psicanalítica que fez na Universidade de Brasília, em 2007, aprofundou-se nos estudos bíblicos. O tema de sua monografia de conclusão foram os "pontos de contato entre a psicanálise e o sistema de crenças judaico-cristãs: lugar do sagrado no processo de elaboração do psiquismo".

O trabalho foi feito 90% dentro de aviões. Mas foi marcante para reafirmar conceitos de fé.

As pessoas tentam dizer que a fé é como se fosse uma ilusão, uma mentira. Freud mesmo escreveu O futuro de uma ilusão *por julgar que a religião atribui ao homem uma natureza boa, de beatitude. Só que isso não tem fundamento bíblico. A Bíblia diz que o homem é perverso desde o ventre, e que as crianças já trazem em si essa marca. E é a mesma coisa que Freud afirmou, e que escandalizou as pessoas. Mas se escandalizaram porque quiseram, pois a Bíblia já afirma isso muito antes de Freud.*

Mesmo um homem como o apóstolo Paulo, o rigor em pessoa, todo certinho, chega um momento em que grita: "Miserável homem que sou — que tenho dentro de mim duas coisas que militam entre si! O bem que quero fazer não faço e o mal que não quero, este faço". Ele fala dessa dualidade interior e se coloca como um ser cindido. E o que a psicanálise diz? Que somos seres cindidos.

As ações de Marina tentam refletir os valores cristãos que abraçou na conversão. A leitura da Palavra de Deus teria trazido conflitos ao seu contexto familiar, vindo, como ela mesma afirmou, de uma família de matriarcas? Qual seria sua interpretação dos versículos em que o apóstolo Paulo ordena às mulheres que não ocupem posição de liderança na igreja e que se submetam à voz de comando do marido?

Ela pensou para responder e avaliou que as coisas tinham mudado um pouco desde então e precisavam ser contextualizadas. O próprio apóstolo, lembrou, escrevera que Jesus tinha rompido com gênero, raça ou estrato social ao afirmar que "não havia mais nem servo nem senhor, nem judeu nem grego, nem macho nem fêmea, porque todos são um só, em Cristo Jesus".[3]

É possível à mulher ter posição de liderança. O sistema do matriarcado não subtrai a autoridade do homem. Ele a tem, e eu levei um tempo para aprender isso. Mas é uma autoridade que reconhece o valor da liderança feminina. Com meu pai, tudo era conversado com minha mãe, e as pessoas o criticavam por isso. Em outras colocações, quando os homens diziam que iam vender a casa, eles vendiam tudo e depois chegavam e só avisavam a mulher; ela tinha de arrumar a trouxa e ir embora, sem nem saber pra onde. Diziam do meu pai: "não adianta propor as coisas para o Pedro porque ele vai primeiro perguntar pra Nega, nunca vi homem perguntar tudo pra mulher que nem ele".

Marina procurou justificar-se: *Eu não sou matriarca, as coisas em casa são balanceadas.*

Muitos cristãos acham que, numa discussão entre um homem e uma mulher, o homem tem biblicamente direito a dar a última palavra. Marina comenta:

Acho que isso é relativo, porque, para os que têm fé, a última palavra deve ser dada na direção de Deus. E se é na direção de Deus, não importa se é o homem ou a mulher. Obedecer ao homem se ele não estiver nesse mover e nesse propósito não faz sentido. Mas a gente tem de crer também que Deus não subtrai desta última palavra as nossas próprias escolhas. Neste mundo aqui, a última palavra quem vai dar somos nós mesmos, porque Deus é tão maravilhoso que nos permitiu fazer isso.

A leitura de Marina opõe-se à leitura fundamentalista da teologia cristã e calvinista. E sobre isso, ela assim se coloca:

A gente costuma dizer que figuras carismáticas são messiânicas, usando o termo pejorativamente. Mas esquece que não existiu ninguém mais respeitoso da individualidade e do ser humano como alguém que tem poder de decisão do que Jesus. Alguém com poder para inscrever na história seu próprio desejo. Quando dizemos que ele fez o sacrifício final, foi o final mesmo, um sacrifício que implicava inclusive a nossa liberdade para decidir por ele ou contra ele. Para mim, uma das coisas que mais ilustram esse princípio é aquela passagem de um cego, à porta do templo.

Jesus está passando e o cego se aproxima. Jesus então pergunta para ele: o que você quer que eu te faça? Parece tão óbvio, uma pergunta idiota. Qualquer um de nós saberia o que era melhor para o cego. Ele era cego, analfabeto, pobre, estava sujo, malcheiroso, marginalizado. Se eu pudesse ajudar esse homem, eu diria: esse cara precisa de uma casa, de um banho, de uma esposa. Ou, se eu fosse Deus, eu diria: acho melhor mesmo ele ir direto para o céu, porque as coisas para ele aqui vão muito mal.

Isso é o que eu faria, se fosse Deus.

Mas Jesus não fez isso.

Para uma pessoa aparentemente sem nenhuma ferramenta, nenhum recurso, Jesus pergunta: o que você quer que eu te faça? Ora, ele não saberia o que era melhor para o cego?

O melhor ensinamento político que tiro dessa passagem é: não se coloque no lugar do sujeito que pode, ele mesmo, decidir o seu destino. Você pode cooperar, pode ajudar a construir, mas não lhes tire o lugar de construção da sua cidadania. E foi isso o que Jesus fez. Ele permitiu que o cego escolhesse: Senhor, que eu veja.

O cego poderia pedir uma bengala nova, pedir esmolas mais generosas, uma casa. Jesus também correu um risco dando-lhe aquela liberdade, porque o cego poderia não fazer a melhor opção. E, na verdade, não estou certa se o cego escolheu o melhor. Ele poderia dizer — que eu seja salvo, que meus pecados me sejam perdoados. Mas ele escolheu enxergar. Possivelmente, aquela ferramenta lhe tenha proporcionado a fé e o arrependimento de pecados que porventura tivesse. Mas foi algo que partiu dele, que ele desejou.

Para mim uma das coisas mais importantes na figura de Jesus é esse respeito à individualidade. Gostei muito de uma entrevista que li do Contardo Calligaris em que o psicanalista diz que a ideia do individualismo surge com o cristianismo porque no cristianismo é a pessoa quem escolhe seu Deus.[4] *Não é o Deus que a priori o escolhe e você já está escolhido. E a tendência da gente, sobretudo em momentos de crise, é ter alguém que decida para nós. Tá em crise econômica? Que apareça alguém para resolver, que o Obama resolva, que o Lula resolva. Somos sempre tentados a isso. E a nossa responsabilidade enquanto pessoas que têm um lugar de autoria na nossa própria vida, na nossa comunidade, que podem dar contribuições?*

Quando decidiu deixar a igreja do pastor André Salles, Marina transferiu-se para a Assembleia de Deus do Plano Piloto, uma comunidade de 1600 membros no Eixo Sul de Brasília. O pastor-presidente, Sóstenes Apolos da Silva, um baiano filho e neto de pastores assembleianos, comanda a igreja há mais de vinte anos e conta com a presença e colaboração da senadora em encontros e pregações, sempre que pode. Segundo ele, a marca de Marina está na "inteligência associada à simplicidade, na fidelidade aos compromissos com a igreja, apesar de sua agenda carregada".

Por sua disposição e vocação em servir à comunidade, Marina foi convidada a fazer o curso e consagrada missionária em sua igreja, no dia 18 de novembro de 2004. Hoje, pode ser vista eventualmente no púlpito, pregando para os irmãos da assembleia, ou em outras igrejas. Ela sempre recebe convites para "trazer a palavra", falar de sua conversão ou mesmo ensinar sobre ecologia à luz das Escrituras.

Noutro exemplo de sabedoria ecológica tirada dessas páginas, ela cita uma passagem em que o rei Davi declara que "Deus colocou sobre o sol uma tenda".[5] Para Marina Silva, o autor já se referia, sem saber, à camada de ozônio, milhares de anos antes de os cientistas a revelarem.

Desde que passou a externar posições políticas que, na verdade, estavam fundamentadas em sua fé cristã, Marina Silva é vista por alguns como fundamentalista, obscurantista e retrógrada. Portanto, se no período a.C. era difícil encontrar quem falasse mal abertamente de sua atuação política de base marxista, na fase d.C. tudo ficou mais fácil. Bem mais fácil.

Embora tenha dedicado seus dois mandatos de senadora a discussões em favor de minorias, como os indígenas, os seringueiros e as mulheres, e, claro, em favor do ambiente, com projetos de lei que representaram avanços para todas essas categorias, Marina Silva passou a ser associada a uma postura conservadora e ultrapassada ao lidar com temas espinhosos como aborto, pesquisas com células tronco embrionárias, homossexualismo e ensino do criacionismo nas escolas.

Numa entrevista, em 2009, no Programa Roda Vida, da TV Cultura, foi perceptível a má vontade dos entrevistadores quando eram esses os assuntos em pauta. Os jornalistas não davam chance à senadora para responder. Interrompiam-na frequentemente, cortando-lhe a linha de raciocínio. Quando tentava esclarecer uma controvérsia em torno da suposta defesa do ensino do criacionismo nas escolas, era impedida de concluir as frases, e tratada com agressividade, como se tivesse cometido uma transgressão ao confirmar que acreditava, sim, nos relatos do livro bíblico do Gênesis.

"O Estado é laico", pregou uma jornalista. Marina concordou, mas acrescentou que o fato de ser laico não impede que pessoas de qualquer confissão de fé possam liderá-lo.

No debate sobre células tronco, foi chamada de obscurantista.

Num artigo na internet, o Partido da Causa Operária chamou-a de "candidata da imprensa capitalista".

> A evangélica e membro da Assembleia de Deus, no início de 2008, levantou a questão de uma "educação plural", com a inclusão do estudo do criacionismo na grade curricular. Chegou a defender em declaração pública, num simpósio, que a versão bíblica de que os homens foram criados

> por Deus seja lecionada ao lado do evolucionismo de Charles Darwin. Ao lado de outros membros do PT e agora do PV (veja projeto de deputado do PV contra as mulheres) levou à frente a tentativa de aumentar a perseguição contra as mulheres. Marina Silva tentou barrar a Lei de Biossegurança, que tratava de pesquisas com células-tronco e transgênicos.[6]

Marina diz que está calejada. É comum gastar mais tempo que o necessário driblando repórteres que tentam de toda forma pegá-la em temas delicados, com perguntas formuladas de maneira ardilosa. Numa tarde, teve de ir direto ao ponto com um jornalista da *Folha de S.Paulo*, que a rodeava para tentar arrancar dela alguma frase de efeito sobre o criacionismo. "O que você quer que eu diga, meu caro? Que eu acredito em Adão e Eva? Acreditar que Deus criou todas as coisas não me desqualifica", disse.

> Eu creio que Deus criou todas as coisas como elas são, mas isso não significa que descreia da ciência. Não é necessário contrapor a ciência à religião. Há médicos, pesquisadores e cientistas que, apesar de todo o conhecimento científico, creem em Deus.[7]

Outros pontos controversos foram levantados numa entrevista que bem resume a posição de Marina.

> O criacionismo deveria ser ensinado nas escolas?
>
> *Uma vez, fiz uma palestra em uma escola adventista e me perguntaram sobre essa questão. Respondi que, desde que ensinem também o evolucionismo, não vejo problema, porque os jovens têm a oportunidade de fazer suas escolhas. Ou seja, não me oponho. Mas jamais defendi a ideia de que o criacionismo seja matéria obrigatória nas escolas, nem pretendo defender isso. Sou professora e uma pessoa que tem fé. Como 90% dos brasileiros, acredito que Deus criou o mundo. Só isso.*
>
> A senhora é contra todo tipo de aborto, mesmo os previstos em lei, como em casos de estupro?
>
> *Não julgo quem o faz. Quando uma mulher recorre ao aborto, está em um momento de dor, sofrimento e desamparo. Mas eu, pessoalmente, não defendo o aborto, defendo a vida. É uma questão de fé e de princípio. Tenho a clareza, porém, de que*

o Estado deve cumprir as leis existentes. Acho apenas que qualquer mudança nessa legislação, por envolver questões éticas e morais, deveria ser objeto de um plebiscito.

Se a senhora for eleita presidente, proibirá o cultivo de transgênicos?

Eis outra falácia: dizer que sou contra os transgênicos. Nunca fui. Sou a favor, isso sim, de um regime de coexistência, em que seria possível ter transgênicos e não transgênicos. Mas agora esse debate está prejudicado, porque a legislação aprovada é tão permissiva que não será mais possível o modelo de coexistência. Já há uma contaminação irreversível das lavouras de milho, algodão e soja.

No seu novo partido, o PV, há uma corrente que defende a descriminalização da maconha. Como a senhora se posiciona a respeito desse assunto?

Não sou favorável. Existem muitos argumentos em favor da descriminalização. Eles são defendidos por pessoas sérias e devem ser respeitados. Mas questões como essa não podem ser decididas pelo Executivo, e sim pelo Legislativo, que representa a sociedade. A minha posição não será um problema, porque o PV pretende aprovar na próxima convenção uma cláusula de consciência, para que haja divergências de opinião dentro do partido.

A senhora é a favor da política de cotas raciais para o acesso às universidades?

Há quem ache que as cotas levam à segregação, mas eu sou a favor de que se mantenha essa política por um período determinado. Acho que há, sim, um resgate a ser feito de negros e índios, uma espécie de discriminação positiva.

Mas a senhora entrou numa universidade pública sem precisar de cotas, embora seja negra, de origem humilde e alfabetizada pelo Mobral.

Sou uma exceção. Tenho sete irmãos que não chegaram lá.[8]

Como se vê, além da batalha político-eleitoral, Marina Silva parece enfrentar uma guerra ideológica. Além de uma convincente proposta de governo em sua campanha à Presidência, ela parece ter a obrigação de provar que sua visão religiosa de mundo não conduzirá o país a um retrocesso social ou intelectual. Ou seja, para a mídia, o ônus da prova é somente dela. Mas Marina não se intimida e afirma:

Eu me converti, eu leio a Palavra de Deus, creio em Jesus Cristo como Salvador. Esta é minha fé. Minha conversão foi num momento de muita dor. Não fugi à regra daqueles que vão pela dor, muito mais do que pelo amor.

capítulo 20

os mandatos

O Acre tem algumas singularidades no campo da culinária. Baixaria, por exemplo, é um prato típico, que se come no Mercado do Bosque, como refeição matinal, ou de madrugada, no retorno da "balada". O mercado só começa a servir o quitute por volta das dez da noite, e segue aberto até de manhã, para atender os foliões cambaleantes que voltam esfomeados dos forrós ou das raves acrianas.

Baixaria é dinamite pura: generosa porção de carne moída, dois ovos fritos estalados sobre uma "cama" do chamado pão de milho — farinha amarela e tenra que lembra a base do cuscuz marroquino. Tudo isso pode ser acompanhado de café ou mingau de banana, um copo tamanho família tomado quente, às colheradas.

Quem consegue sobreviver a essa experiência onírica, às vezes até arrisca uma tigela de açaí feito na hora, de sobremesa. Mas o impacto desse "combo" pode ser grande.

Baixaria e mingau de banana sustentam um trabalhador por uma jornada — do nascer ao pôr-do-sol. É munição para abastecer um tanque de guerra.

O Acre, que conta com catorze etnias, 161 aldeias e uma população estimada em 14 mil indígenas, segundo dados oficiais, é proporcionalmente, o Estado brasileiro com maior número de tribos vivendo isoladamente pelo interior das florestas. Dos 16,5 milhões de hectares de área total, 2,4 milhões são terras indígenas. No geral, 46% do Estado é composto de áreas naturais protegidas por lei.

Ashaninkas, Jaminawas, Kampas, Kaxinawás, Kulinas, Kulina madijas, Nawas, Shanenawas, Yauanawás, Katukinas, Nukinis, Poyanawas, Araras, Arara apolimas, Kaxararis e Manchineris são alguns dos nomes das ramificações desses habitantes originais da região, praticamente desconhecidos da maioria dos brasileiros. Eles povoam as matas, convivendo, às vezes bem, outras nem tanto, com os crescentes apelos da modernidade.

Muitos também vagueiam pelas ruas da capital e de outros municípios. Famílias inteiras a mendigar o pão, distantes do romantismo ingênuo habitualmente associado à figura do índio. Conviver desde pequena com as dificuldades dessas minorias produziu em Marina sensibilidade para defender a causa deles, assim como as dos seringueiros. Portanto, não é sem razão que uma das primeiras iniciativas de seu mandato como senadora tenha sido voltada à regulamentação do acesso aos recursos genéticos, uma discussão que envolve temas cinematográficos como biopirataria, espionagem e roubo de segredos milenares dos indígenas por parte de audaciosos cientistas, além de tráfico de influência de falsos missionários estrangeiros.

A primeira tentativa de disciplinar essa polêmica matéria partiu da senadora do PT do Acre, já em 1995. O Projeto de Lei 306/95, de sua autoria, chegou a ser debatido à exaustão em reuniões que contaram com a participação de ONGs, empresas, universidades e governos estaduais. Entre as propostas, o PL definia:

> Às comunidades locais e populações indígenas com estilos de vida tradicionais relevantes para a conservação e a utilização sustentável da diversidade biológica será assegurada a partilha equitativa dos direitos de patente relativos ao uso de seus conhecimentos, inovações e práticas aplicados aos recursos biológicos locais.

Outro artigo criava nova condição para o pedido de patente, quando este se referisse aos conhecimentos das comunidades indígenas e locais:

> No caso de pedido de patente relacionado aos conhecimentos, inovações e práticas de comunidades locais e povos indígenas aplicados aos recursos biológicos locais, o relatório será suplementado por documentação indicando precisamente a origem geográfica e etnológica do material biológico e/ou processo biotecnológico e certificando a contratação junto às comunidades locais e populações indígenas da partilha equitativa dos direitos de patente respectivos.

A discussão seguiu por vários anos, envolvendo o Meio Ambiente, o Ministério de Ciência e Tecnologia, Agricultura, ONGs, a bancada ruralista, entre outros agentes.

Seis anos mais tarde, em 2001, depois de muitas idas e vindas, emendas e substitutivos, o presidente da República, Fernando Henrique Cardoso, decidiu editar Medida Provisória regulamentando o tema. A MP 2.186 praticamente travou a pesquisa no país, transformando todo cientista em potencial biopirata. O texto legal, ao atribuir a um Conselho Interministerial (a ser criado) a competência para autorizar e fiscalizar o acesso aos recursos genéticos, na prática impediu as pesquisas que envolviam acesso a recursos genéticos e remessa de material biológico para o exterior.

Em 2003, Marina, já ministra do Meio Ambiente, tentou retomar a questão, enviando nova proposta ao Congresso Nacional. Sugeria taxar os produtos comerciais derivados da fauna e flora, desobrigando empresas e cientistas de repartirem os benefícios durante a fase de bioprospecção. A ideia era facilitar o acesso dos pesquisadores à biodiversidade brasileira. A lei de acesso à biodiversidade tramita há 15 anos, aguardando definição.

Para entender melhor o que está em jogo nesse debate, basta dizer que são bilhões de dólares que podem ser gerados a partir de uma pequena descoberta. Significa não apenas o avanço da ciência, gordos lucros para as empresas que ali investirem, com retorno em impostos e benfeitorias para o Estado, mas a manutenção e valorização do trabalho e do estilo de vida das populações tradicionais, que Marina tanto preza.

A senadora conseguiu apresentar esse complexo assunto sob uma perspectiva simples:

> Li, na semana passada, duas notícias que contam como nossas riquezas naturais continuam sendo ignoradas por nós e apropriadas por outras nações. A primeira dizia que em março o Museu de História Natural de Genebra divulgou sua nova aquisição: o Titanus gigantus, o maior inseto do mundo, conhecido como besouro gigante da Amazônia.
>
> Seu tamanho impressiona — é maior que a mão de um adulto — e certamente fará sucesso entre os visitantes. De acordo com o museu,

acredite-se ou não, o besouro teria "viajado por engano na mala de um turista suíço". Assustado, ele teria chamado uma empresa de dedetização, que encaminhou o espécime ao museu.

Outro besouro brasileiro também vem fazendo sucesso, nos Estados Unidos. Pesquisadores da Universidade de Utah acreditam ter encontrado o cristal fotônico ideal na carapaça do besouro Lamprocyphus augustus. Esse cristal é essencial para a construção de circuitos eletrônicos que manipulem dados por meio de luz (fótons), em vez de cargas elétricas (elétrons).

E o curioso é que os cientistas americanos não tiveram trabalho para conseguir o inseto brasileiro. Encomendaram-no a um vendedor da Bélgica, pela internet. Não duvido que, apenas com a tecnologia decorrente das pesquisas com esse único besouro, os americanos produzam mais riqueza do que todo o valor anual da exploração ilegal de madeira, da soja e do gado na Amazônia.

Temos a maior porção da maior floresta tropical do planeta. É um tesouro em biodiversidade que precisa ser cuidado e explorado pelo Brasil. Em 2006, o Tribunal de Contas da União (TCU) apontou a falta de controle nas fronteiras como razão da perda anual de US$ 2,4 bilhões, com a saída de animais e plantas que acabam por gerar produtos patenteados no exterior. São muitas as ameaças à biodiversidade brasileira: biopiratatia, aquecimento global, desmatamento, tráfico de animais, superexploração de espécies. E a mais terrível parece ser a nossa inoperância diante disso tudo.

Em 1994, o Brasil ratificou a Convenção da Biodiversidade Biológica. Em 1995, apresentei proposta no Senado para disciplinar o acesso aos recursos genéticos no país. O projeto (PL 4.842) foi à Câmara dos Deputados em 1998, e lá está até hoje. Outra tentativa foi feita em 2003, por meio do Ministério do Meio Ambiente.

Nova proposta foi negociada por mais de cinco anos, com todos os setores interessados. Novamente deu em nada. Continuamos sem regras. E todo o conhecimento gerado pela biodiversidade continuará sendo apropriado por quem chegar primeiro, sem gerar dividendos para o país.[1]

O alemão Thomas Fatheuer morava em Berlim e trabalhava para uma ONG de pesquisa sobre a América Latina antes de se envolver com os temas da biodiversidade da Amazônia. Fazia parte do Solidariedade Internacional quando veio ao Brasil, em 1992, para a Conferência Rio-92, tornando-se em seguida diretor do escritório regional da Fundação Heinrich Böll, ligada ao Partido Verde alemão.

Observador externo atento à evolução do debate ambiental no Brasil e no mundo, Thomas avalia que a chegada de Marina Silva ao Senado Federal teve, em si, o poder de amplificar a luta pela preservação do meio ambiente. "Ela aparece num contexto nacional e internacional como alguém que herdou a causa de Chico Mendes, dos seringueiros, do Acre. De repente você tem a impressão de que a semente da luta dos seringueiros deu frutos. De repente uma senadora eleita pelo PT, no Acre, cristaliza a luta pelas causas socioambientais".

Para Thomas, Marina passou a ser reconhecida pelos ambientalistas como "nossa pessoa" no Senado. "Ela logo se tornou uma figura com incrível credibilidade dentro do contexto político-ambiental".

Num balanço de suas ações como senadora, está o mérito de ter colocado em pauta vários temas relevantes do ponto de vista socioambiental, como a lei da biodiversidade, mas que até hoje dividem a opinião pública.

Entre mais de cem proposições apresentadas pela senadora, desde seu primeiro mandato, destacam-se 54 projetos de lei. Um deles é o texto que propõe a criação do Fundo de Participação dos Estados e do Distrito Federal (FPE) para beneficiar Estados que abriguem unidades de conservação da natureza e terras indígenas demarcadas. O projeto de lei tramita há mais de oito anos no Senado.

Marina Silva marcou posição também na discussão sobre a necessidade de implantar a Política Nacional de Resíduos Sólidos, uma legislação debatida há nada menos que 24 anos, que tenta regulamentar a destinação do lixo, além de responsabilizar empresas pela coleta e reciclagem de produtos com material tóxico. Obteve avanço somente quando já era ministra do Meio Ambiente.

Em agosto de 2007, ela e o secretário de Recursos Hídricos e Ambientes Urbanos do ministério, Luciano Zica, entregaram ao presidente Luiz Inácio Lula da Silva projeto de lei para criação da Política Nacional de Resíduos Sólidos. Com o documento em mãos, o Poder Executivo entrava pela primeira vez na linha de frente dessa matéria, apresentando uma proposta concreta para regulamentar a questão. Um mês depois, o presidente Lula enviou o projeto à Câmara dos Deputados. A expectativa era de que se aprovasse rapidamente uma legislação estabelecendo regras claras para proteger o meio ambiente e a saúde pública, prevendo punições criminais para os que as descumprissem. Mas muitas propostas de emendas ao texto empacaram sua votação.

Em 2009, Marina lamentava: "Se pararmos para pensar no que está acontecendo em nosso país em relação à deposição dos resíduos, é algo catastrófico. Corremos risco, o tempo todo, em relação à dengue, à febre amarela, porque não temos uma deposição adequada dos resíduos".[2]

Outra medida positiva estava voltada aos interesses do Estado de origem. Marina relembra:

Conseguimos aprovar subsídio para a borracha. Os produtores nas comunidades extrativistas do Acre, na época, não tinham nenhum tipo de assistência. Apresentei uma proposta que criava um subsídio usando dinheiro da taxa de equalização da borracha para aumentar o preço do látex. Se estivesse 50 centavos o quilo, por exemplo, o governo entrava com mais 50 centavos. Como a Malásia vendia borracha muito mais barata, a borracha nativa brasileira perdeu competitividade, e os seringueiros estavam lá, entregues a seu próprio destino.

A senadora teve várias audiências com o presidente Fernando Henrique Cardoso para discutir a ideia. Numa delas, fez uma exposição detalhada sobre a difícil situação em que viviam os seringueiros, demonstrando que existiam mais de cem mil famílias vivendo na floresta, "um verdadeiro exército de fiscais, se comparado aos apenas 3 mil fiscais do Ibama".

Tudo o que a gente precisava era fazer um investimento para subsidiar a extração do látex, para que eles continuassem nas suas colocações como verdadeiros guardiães da floresta. Em muitos casos, essas pessoas eram a única presença humana em nossas fronteiras. Eles cuidavam da floresta, trabalharam a vida toda sem nenhum direito social, e agora estavam sendo abandonados, vendo suas filhas irem para as cidades, se prostituir, e os filhos, para a vida marginalizada sem nenhum apoio.

Fernando Henrique ouviu tudo com atenção e argumentou:

— Mas como é que eu faço? Se eu falar para a equipe econômica que se trata de um subsídio, não vai passar, porque o pessoal aqui é contra subsídio; isto é quase um dogma.

— Então não chame de subsídio, presidente, chame de investimento ambiental — propôs Marina.

— Isso mesmo, vamos trabalhar então num projeto de investimento ambiental. Prepare a proposta que vou falar com o (Pedro) Malan (ministro da Fazenda) para receber você.

Marina foi ao encontro do poderoso ministro e levou os amigos. Índios e seringueiros foram recebidos, com ela, em reunião na sala do Conselho Monetário Nacional. Gilberto Siqueira fez a apresentação e a ideia foi bem recebida.

Para aprová-la no Congresso, a senadora contou com o apoio de outro líder pessedebista, o então senador José Serra (PSDB-SP). Marina dizia que, se fosse ela a defender a proposta em plenário, não passaria.

Assim, em 1998, surgiria o Prodex, Programa de Apoio ao Desenvolvimento do Extrativismo, primeira linha de crédito para os extrativistas da Amazônia. Os contratos de financiamento eram feitos pelo Banco da Amazônia (BASA).

Em 2002, entretanto, o Prodex foi suspenso por causa da alta taxa de inadimplência e por denúncias de irregularidades. Voltou a operar em 2003.

Hoje, essa linha de crédito não é mais viável, reconhece Marina.

Sobre seu relacionamento com Serra e FHC ela diz:

Foi sempre muito bom. Só houve um momento, em Coroa Vermelha, na Bahia, que as coisas ficaram tensas. E numa outra ocasião em que o presidente criticou os teólogos e eu resolvi responder. Fora isso, sempre foi muito bom.

O ex-presidente Fernando Henrique concorda.

> Posso dizer que, observando seu comportamento, a partir da minha posição como presidente (e de um partido contrário) só a vi em ações corretas e construtivas.
>
> Nunca notei, também, preconceito algum no Executivo quanto à figura da senadora, mesmo porque meu apreço por ela era sabido em todo o

governo e não imagino que, ainda que houvesse algum preconceito escondido, ele ousasse se manifestar.

Quando o tema é o relacionamento entre Marina e dona Ruth, Fernando Henrique diz:

> Ruth, de fato, tinha apreço pela senadora e me contou que quando foi ao Acre fez questão de estar com ela. Eu também fui visitar Xapuri, com o governador Jorge Viana e com a Marina. Mais tarde, voltei ao Acre para manifestar publicamente meu apoio ao governador, que, na ocasião, enfrentava ameaças de morte por parte da bandidagem. Recebi do governador e dos senadores acrianos uma homenagem quando eu ainda estava no governo, e Lula já havia sido eleito.

Coroa Vermelha e teólogos. Apenas dois assuntos, em meio a tantas discussões em oito anos de convivência na arena política, ficaram registrados na memória da senadora como tensionadores de seu relacionamento com o ex-presidente FHC.

O primeiro deles foi mais contundente. Envolvia as comemorações pelos quinhentos anos do Descobrimento do Brasil, no ano 2000. Uma confusão na praia baiana de Coroa Vermelha, em Porto Seguro, envolvendo trabalhadores rurais sem-terra, índios pataxós e estudantes causou constrangimento às celebrações marcadas para o dia 22.

Indignada com o tratamento dado àquelas minorias, que deveriam contar entre os principais homenageados da festa dos 500 anos, a senadora subiu à bancada do Senado, em 25 de abril, para protestar contra os acontecimentos e a truculência da polícia.

> [...] como alguém que participou de toda a comemoração, sinto-me na obrigação de fazer um registro nesta Casa acerca do que ouvi, vi e senti nos 500 anos de casa grande e senzala do nosso país. [...]
>
> Os índios garbosamente iam à frente. E os políticos não são muito de andar atrás. Gostam de andar à frente. Mas dessa vez os índios iam na comissão de frente, e nós, na comissão de fundo.
>
> A maioria dos manifestantes populares, presidente Fernando Henrique Cardoso, não eram sem-terra. Os sem-terra foram confinados em Eunápolis.

Estavam marchando jovens, negros, funcionários públicos, intelectuais e até alguns turistas, que iam à margem da estrada. Andamos mais ou menos três quilômetros no passo dos Xavantes quando nos deparamos com o primeiro pelotão de choque. Eles apressaram o passo. Fiquei com medo porque não sabia o que aconteceria. O Comandante Wellington Müller havia dito que ninguém chegaria a Porto Seguro. Por tratar-se de um homem autoritário, poderia dar alguma ordem inesperada.

Imaginei que deixariam passar os índios, que estavam na frente, e que prenderiam os demais manifestantes, inclusive nós, parlamentares. Mas estaria tudo bem se os índios pudessem passar. Os índios queriam ir à Praça das Pitangueiras não para vaiar o Presidente da República, pois não tinham carro de som, corneta, absolutamente nada. Tudo tinha ficado preso. O que se poderia fazer a metros de distância das comemorações oficiais apenas com a voz? Nada.

Os índios queriam fazer um ritual, uma dança. Tinham certeza de que, 500 anos depois de um massacre, o Governo, com um presidente da República sociólogo e uma primeira-dama antropóloga, não comemoraria apenas com o colonizador. Talvez houvesse espaço, ao menos na praça, para que os colonizados pudessem fazer seu ritual de passagem para os novos 500 anos.

No entanto, isso não foi permitido. A primeira bomba de gás caiu bem próxima a meus pés. Alguém me empurrou no barranco, e caí na praia. Ouvi estampidos por todos o lados: eram balas de borracha. Os urubu-xavantes, os pataxós, os kaingangues, os kaiowás, os kaxinawás, todos eles guerreiros que faziam a comissão de frente passaram — mais ou menos 100 índios. E eles fecharam a passagem, covardemente. Os índios sentaram-se no chão, não desistiram.

Vi, então, o que é coragem, o que é dignidade. Muitos de nós, na primeira careta dos autoritários, sairiam correndo. Mas eles não; eles não poderiam desonrar seus caciques; eles não poderiam envergonhar as mulheres nem os jovens; eles não se poderiam constituir parte da vergonha do povo brasileiro, que, 500 anos depois, os tratou pior que no primeiro contato.

Foi pior porque, há 500 anos, a história estava acontecendo. Era a realidade empírica. Não havia reflexão, não havia sociólogo sofisticado, não havia antropóloga famosa fazendo teses, sínteses e antíteses sobre o massacre

> dos índios pelos colonizadores. Naquela época, não havia tudo isso, mas agora há toda uma reflexão.
>
> A Igreja pediu perdão 500 anos depois; o Governo não. O Governo ratificou tudo o que havia feito e ainda fez pior. Fiquei envergonhada, triste, massacrada, junto com os índios. Doeu ver na praça os negros apanhando, os jovens sem sonho, o pelourinho acontecendo novamente na Bahia. Mas nada doeu mais que ver os xavantes, os guerreiros índios que acreditavam que dessa vez seriam tratados como gente, como pessoas. Eles acreditavam nisso, e confesso que também acreditei. [...]
>
> O mundo civilizado de hoje convive com fóruns paralelos. Na época do Presidente Fernando Collor, houve a Eco-92, com a presença de centenas de Chefes de Estado. O que aconteceu? Por acaso, aquele desastrado presidente reprimiu as Organizações Não-Governamentais, os índios, as pessoas que lá foram fazer outro fórum? Não! Talvez não o tenha feito por não saber do que se tratava, mas não reprimiu.
>
> E o presidente Fernando Henrique Cardoso e o Governo da Bahia? Suas excelências reprimiram o Fórum Paralelo dos 500 anos exatamente porque sabiam que ele significava que não estamos dizendo amém para o que aí está, para os 70 milhões de pobres, para os 15 milhões de jovens analfabetos, para a falta de demarcação das terras indígenas.
>
> Queremos mostrar outro Brasil. O Brasil por dentro, o Brasil de uma caravela que navega e que, um dia, chegará a um porto seguro. Não o porto seguro das oligarquias e das elites brasileiras; o porto seguro que os índios, os negros e os brancos, homens de boa vontade, hão de construir, apesar do autoritarismo, apesar dos coronéis Wellington Müller.[3]

O episódio envolvendo os teólogos foi mais ameno, uma discussão no campo das ideias. Em entrevista concedida ao jornal *O Estado de S. Paulo*, em 17 de março de 2000, o então presidente da República Fernando Henrique Cardoso afirmava que era preciso ser capaz de rever posições preestabelecidas, pois "quem é dogmático, quem é intolerante não faz política; faz, talvez, teologia, fundamentalismo, mas não muda o mundo".

Marina Silva reagiu e foi ao plenário no dia 30 de março para contestar:

> [...] Se tomarmos os exemplos dos grandes teólogos, como Martin Luther King, como o próprio Martinho Lutero, ou ainda, sem sairmos do Brasil,

Frei Leonardo Boff, Frei Beto, nosso saudoso Dom Hélder — e poderíamos pegar tantos exemplos brasileiros, assim como poderíamos nos valer dos ensinamentos do grande teólogo, de repercussão mundial, Hans Kung, que tem dado uma grande contribuição ao humanismo em todo o mundo —, veremos que essas pessoas, e não quero ser ofensiva aos demais cientistas, tenho absoluta certeza, deram uma contribuição de mudança muito grande, do ponto de vista social, político e cultural, a milhões e milhões de pessoas em todo o mundo.

Se eu considerar a realidade do meu pequeno Estado, o Acre, com narcotraficantes, com esquadrões da morte, com 20 anos de opressão sobre o povo sofrido, e fizer uma comparação entre o resultado operado naquela população com a influência dos teólogos, principalmente pelo viés da Teologia da Libertação, com a contribuição que deram para a mudança daquele Estado, verei que é incomparavelmente maior que a ação de qualquer cientista social ou de qualquer sociólogo, com a diferença de que eles falaram e praticaram; não pediram para nos esquecermos do que haviam dito.

[...]

Não quero fazer uma diferenciação pejorativa, mas foi a Teologia da Libertação que interferiu naquela realidade. Também o livro do sociólogo, hoje Presidente da República, Fernando Henrique Cardoso, deu uma grande contribuição sobre a Teoria da Dependência. Se Sua Excelência não se lembra, continuamos fazendo questão de nos lembrar, pois foi uma contribuição politicamente correta para a época em que foi lançado na América Latina.

Poderia apenas ficar citando a contribuição dos teólogos, sejam católicos ou protestantes, mas o que desejo aqui é tomar o fundamento teológico, para que não se diga que ter fé, que acreditar em Deus nos levam necessariamente ao espaço da intolerância, do dogmatismo, do fundamentalismo. Isto não é verdade.

[...]

O sociólogo Roger Garaudy deu extraordinária contribuição, ao utilizar o fundamento bíblico daquele que inspira a teologia cristã: Jesus Cristo.

Nesse momento, incomodado, o senador Carlos Wilson (PPS-PE) interrompeu-a e disse: “Estamos assistindo a uma aula de teologia”. Marina respondeu: "... estou tentando apenas responder às críticas feitas pelo Presidente, e o que estou falando acho interessante".

Antônio Carlos Valadares (PSB-SE) emendou: "Mas estamos gostando muito de ouvi-la, nobre senadora".

E ela prosseguiu em seu manifesto (que bem fazia lembrar uma aula de teologia).

> Dizer que a teologia, os fundamentos do Cristianismo não mudam a realidade é, no mínimo, desconhecimento não apenas de teologia, de religião, de fé, mas também de sociologia, de antropologia, de filosofia ou de coisa que o valha.
>
> Como não acredito que o presidente Fernando Henrique Cardoso seja desconhecedor das ciências às quais me referi, só posso entender que Sua Excelência fez aquilo que condenou na sua fala, quando disse: "Às vezes as palavras saem mais depressa do que o coração gostaria e muito mais ainda do que a razão permitiria, e é preciso dar um espaço para que haja voltas", acrescentando que um político precisa ser generoso e saber relevar.[4]

Quando Marina estreou no Senado, não fazia muito tempo que o tema meio ambiente fora incorporado à pauta da Consultoria Legislativa da Casa, um serviço que assessora os senadores em questões técnicas e legais. Foi somente no final dos anos 1980, após a Assembleia Nacional Constituinte, que essa área, até então marginalizada, ganhou espaço entre os assuntos sociais da consultoria.

Maristela Bernardo, jornalista e doutora em sociologia, foi uma das primeiras a ocuparem um cargo de assessora na área ambiental, na consultoria. Ela se recorda muito bem quando Marina Silva desembarcou por ali, pelo entusiasmo que sentiu ao saber que uma mulher com o seu perfil de ecologista chegava ao Congresso. Maristela relembra:

> Meio ambiente nunca foi considerada uma das grandes áreas de discussão nacional, uma área forte. Quando a Marina veio, vimos que se tratava de um grande acontecimento. Depois que ela se instalou, um amigo, o Fernando Lírio, que também trabalhava na consultoria, e eu resolvemos nos apresentar a Marina. Fomos até seu gabinete e nos colocamos à disposição

> dela, funcionalmente — nós tínhamos obrigação funcional de atendê-la no tema ambiental —, mas também dissemos que a gente estava ali se dispondo a ajudá-la em caráter pessoal. Posteriormente, ela nos disse que ficou muito emocionada com isso, que estava chegando naquele mundo estranhíssimo, que é o Congresso Nacional, e essa acolhida em caráter pessoal foi para ela muito importante.

O encontro deu início a uma amizade entre os três. Maristela e Fernando tornaram-se assessores de Marina no Senado e a acompanharam quando foi para o Executivo, comandar o Ministério do Meio Ambiente. Maristela ficou no ministério menos de um ano, mas ainda hoje colabora informalmente com seu trabalho. Ela é uma espécie de *ghost writer* de Marina, auxiliando-a em seus artigos para jornais e portais da internet.

Maristela avalia que o trabalho da senadora sempre foi o que se caracteriza chamar de "mandato de opinião".

> Como senador, você está ali representando um Estado, então oitenta, noventa por cento das atividades dos senadores são focadas nessa representação. Eles são, em geral, muito demandados por seus Estados. Alguns têm maior atuação nacional, outros menos, outros ficam lá a vida inteira e você nem guarda o nome deles, porque fazem unicamente uma ponte entre o Poder de Brasília e as demandas de seu eleitorado particular.
>
> Mas Marina tem um mandato de opinião. Isso acontece quando você não lida só com os temas específicos da sua base geográfica, geopolítica. Você lida com temas universais. Por exemplo: um deputado que se dedique exclusivamente à questão da criança, dos direitos humanos. Ele transcende uma base eleitoral e coloca seu mandato a serviço de uma causa.

Para a assessora, essa característica de atuação tem um lado perverso. Embora a repercussão dos resultados seja maior e as causas tendam a ganhar mais visibilidade na mídia, o que contribui para elevar o capital político do senador, as angústias emergem na mesma intensidade.

> O mundo foi mergulhando nesta crise ambiental e mais essas inter-relações entre meio ambiente e todas as outras áreas foram se aprofundando.

> Com isso, a demanda aumentou, principalmente sobre aqueles que lidam com essas questões de maneira transversal, como a Marina. Então, cria-se um impasse, porque a estrutura, vamos dizer, física do gabinete e os recursos colocados à disposição dela são apenas os recursos de um senador para o exercício de um mandato, que recebe demandas do país inteiro e até do mundo. Isso acaba sendo uma angústia, porque você não tem como corresponder. De certa maneira, é como se você tivesse um ministério dentro de uma pequena estrutura de senador.

Marina deu visibilidade aos debates ecológicos nas duas legislaturas (foi reeleita em 2002, para o período de 2003 a 2011). Obteve, num balanço preliminar, avanços importantes. Mas houve derrotas.

A principal delas foi com relação aos transgênicos. Em 1997, a senadora apresentou projeto de lei que estabelecia moratória do plantio, comércio e consumo de organismos geneticamente modificados (OGMs) e seus derivados, uma tentativa de fazer cumprir uma lei já existente que proibia, desde 1995, o plantio para fins comerciais de sementes transgênicas. O projeto foi arquivado.

Dois anos mais tarde, Marina voltou ao assunto. Apresentou nova proposta proibindo, por cinco anos, o plantio e a comercialização de alimentos contendo OGMs em todo o território nacional. Em sua justificativa, esclarecia:

> Embora as pesquisas no campo da engenharia genética tenham começado há cerca de duas décadas, só mais recentemente a produção em larga escala de OGMs tomou impulso, o que reacendeu a discussão, principalmente no âmbito internacional, sobre a segurança dos organismos transgênicos.
>
> Vários cientistas, apoiados por entidades ambientalistas e de defesa do consumidor, continuam apreensivos quanto à liberação comercial dos cultivos transgênicos, e produtos derivados, sem que sejam adequadamente analisadas as consequências a longo prazo das manipulações genéticas. Segundo os especialistas, o processo não é totalmente controlado, e ainda há muito que conhecer na área da expressão gênica. A alteração de um gene do organismo, sem que se saiba previamente a função de todos os outros genes, poderá causar mudanças em mais de uma característica desse organismo, levando ao aparecimento de atributos indesejáveis.

Os riscos que podem sobrevir da transferência de genes na agricultura são de diversos tipos e foram analisados, com muita propriedade, pela engenheira agrônoma Eliana C. B. Leite (revista *Agroanalysis*, Fundação Getúlio Vargas, junho de 1997) e pelo presidente do Instituto Nacional de Pesquisa Agronômica da França, Guy Paillotin (L'émergence des biotechnologies en agriculture, *Futuribles*, outubro de 1998):

- Transferência de genes das plantas tolerantes a herbicidas para espécies nativas aparentadas, com resultados imprevisíveis.
- Desaparecimento de espécies silvestres e de variedades nativas, devido à maior agressividade das culturas transgênicas, o que acarretaria a redução da biodiversidade.
- Possibilidade de erosão genética dos agrossistemas dos países que abrigam os parentes silvestres dos cultivos agrícolas, ou seja, dos países onde estão localizados os centros de origem das espécies vegetais.
- Eliminação de fungos e insetos benéficos por plantas modificadas para produção de fungicidas e inseticidas, bem como o surgimento de insetos resistentes às toxinas por elas produzidas.
- Efeitos tóxicos e alergênicos, ou, ainda, a transferência de transgenes ou de genes marcadores para a flora digestiva.

Com efeito, cresce a preocupação com genes que conferem resistência a antibióticos e que são usados como marcadores genéticos para evidenciar se o transgene de fato foi implantado no organismo no qual se deseja a modificação, para detectar se o transgene "pegou". Quais serão as consequências na hipótese desses genes marcadores se transferirem para bactérias que vivem no organismo humano?

No rastro dessas incertezas, surgem agora os resultados das pesquisas realizadas pelo dr. Arpad Pusztai — do Rowett Institute de Aberdeen, Escócia — com ratos alimentados com batatas transgênicas. Os dados obtidos ainda no ano passado, mas só agora de domínio público, relatam que as cobaias apresentaram alterações no sistema imunológico e em vários órgãos vitais.

Esse trabalho recebeu o endosso de um respeitável grupo de cientistas de vários países e causou um rebuliço no mercado dos transgênicos. Apesar de o próprio cientista não considerar sua experiência uma prova final, está evidente que muito ainda há que se pesquisar antes de podermos aceitar, com segurança, os alimentos transgênicos.

> A par dos potenciais riscos ambientais e para a saúde, outros aspectos causam igualmente apreensão: a crescente dependência dos agricultores em relação aos insumos (pacote semente-herbicida), o monopólio das companhias que comercializam sementes, o aumento do fosso entre os países desenvolvidos e os em desenvolvimento, a pressão para o patenteamento dos seres vivos e a privatização de recursos genéticos são algumas questões que requerem uma reflexão mais aprofundada.[5]

Ainda que a justificativa tivesse sido bem fundamentada, o problema é que a realidade falava mais alto que os argumentos da senadora. O plantio de soja transgênica com sementes importadas clandestinamente da Argentina avançava pelo país, entrando principalmente pelo Rio Grande do Sul. A colheita de soja transgênica já correspondia a 8% da produção nacional, o equivalente a cerca de um bilhão de reais. Tentar fazer cumprir a lei que proibia a atividade ilegal de cultivo e comercialização era uma missão praticamente impossível.

A questão virou um espinho na carne de Marina que, já como ministra do Meio Ambiente, teve de enfrentar dura oposição, particularmente a do ministro da Agricultura, Roberto Rodrigues.

Em dezembro de 2002, alguns dias antes de ser confirmada ministra, Marina já dava sinais de que continuaria brigando pela questão: numa carta enviada à Campanha por um Brasil Livre de Transgênicos, assinada por dezenas de entidades, entre elas o Greenpeace, assegurava seu comprometimento em dar sequência à defesa do projeto de lei apresentado no Senado.

Apesar dos esforços, no primeiro semestre de 2005, a Lei da Biossegurança foi aprovada, possibilitando o plantio comercial das sementes, enquanto a ministra ainda pleiteava mais estudos sobre os transgênicos.

Na época, Marina obtivera uma vitória parcial em seu movimento contra os transgênicos, conseguindo incluir no texto da lei a exigência da aprovação de dois terços dos 27 membros da CTNBio — Comissão Técnica Nacional de Biossegurança, conjunto de ministérios que aprova a liberação de pedidos de plantio de transgênicos. Alcançar um consenso de pelo menos dois terços em discussões tão acaloradas seria muito difícil, segundo os especialistas.

Mas o que foi uma vitória parcial tornou-se uma derrota definitiva para a ministra, quando, no início de 2007, o presidente Lula aprovou mudança na regra de aprovação na CTNBio, reduzindo a exigência de votos para a maioria simples, ou seja, 14 favoráveis.

Marina levou a pior. Com o cultivo liberado, a soja transgênica avançou rapidamente pelas lavouras brasileiras. Apenas dois anos mais tarde, em 2009, o Brasil se tornaria o segundo maior produtor de transgênicos do planeta, com 21,4 milhões de hectares de terras cultivados com culturas geneticamente modificadas, um crescimento de 35,4% em relação a 2008.

Em apenas um ano o agricultor brasileiro semeou 5,6 milhões de hectares a mais com sementes transgênicas. Foi o maior índice de crescimento entre 25 países pesquisados pelo Serviço Internacional para Aquisição de Aplicações em Agrobiotecnologia (ISAAA). Esse desempenho levou o país, pela primeira vez, a ultrapassar a Argentina, com 21,3 milhões de hectares, ficando atrás apenas dos Estados Unidos, com 64 milhões.

A soja cultivada no Brasil usa a tecnologia RR (Roundup Ready), desenvolvida pela Monsanto. A empresa é alvo de ações judiciais de produtores, que, conforme previa a senadora em sua defesa, reclamam de cobrança ilegal de royalties e de "pacotes" que restringem a produção de sementes convencionais nos contratos com a multinacional.

Se no Senado ela, uma novata, conseguiu sobressair-se na defesa de uma nova consciência ética e da biodiversidade brasileira, seus dias de maiores glórias na política — e mais amargas lágrimas — ainda estavam por vir.

capítulo 21

os desafios

Cento e cinquenta mil pessoas chegaram a Brasília para a "festa da mudança", empunhando lenços verde-amarelos, crendo ser aquele o primeiro dia do resto de sua vida. A eleição de um torneiro-mecânico de 57 anos, operário batalhador, sem curso universitário, o primeiro presidente de esquerda do Brasil, enchia muitos brasileiros da esperança de que, finalmente, um governo fundamentado na defesa da ética e da luta contra a desigualdade social se estabelecia.

A alegria era contagiante naquele primeiro de janeiro de 2003. Os lenços bicolores distribuídos pelo Partido dos Trabalhadores diziam: "Posse de Lula, Presidente, eu participei desta mudança".

Lula venceu nas urnas o economista José Serra, 60 anos, o candidato oficial, duas vezes ministro de Fernando Henrique Cardoso e uma das principais lideranças do PSDB. Segundo o Tribunal Superior Eleitoral, o eleito obteve cerca de 53 milhões de votos, 61% dos válidos no segundo turno.

Jornais do mundo todo repercutiram a novidade. "Brasil consolida virada da esquerda", foi a manchete do *The New York Times*, em 28 de outubro de 2002, dia seguinte à eleição. O *The Wall Street Journal* afirmava que o primeiro desafio de Lula seria o crescimento da economia. Para o diário, sua missão inicial era convencer os investidores de que poderia reverter o quadro de baixo crescimento econômico e administrar US$ 259 bilhões de dívida pública. O *Financial Times* lembrava que os brasileiros haviam sido conquistados pelo "carisma pessoal de Lula, seu inegável talento para a negociação, seu compromisso social e sua adesão a políticas econômicas mais tradicionais".[1]

A Esplanada dos Ministérios virou palco de uma grande festa popular, para a qual foram convidados alguns dos maiores artistas do país, como Chico

Buarque, Gilberto Gil, Maria Bethânia, a dupla sertaneja Zezé Di Camargo e Luciano, Fernanda Abreu e Zeca Pagodinho. Os cantores não cobraram cachê para se apresentar. Alguns deles foram ativos participantes da campanha presidencial, que tinha como mote, mais uma vez, a frase "Lula lá". Os sete telões instalados na Esplanada transmitiam a cerimônia para o povo.

A celebração disfarçava um pouco o nervosismo do país com a conjuntura econômica. Após oito anos no poder (1995-2003), o presidente Fernando Henrique, artífice de um plano econômico que colocou o Brasil numa trajetória confiável de estabilidade, derrotando décadas de inflação e promovendo privatizações estratégicas, amargava dias de baixa popularidade. O desemprego crescia por causa de uma crise internacional, e as turbulências no mercado financeiro abalavam a moeda, pelo temor quanto à eleição de um sindicalista de esquerda. O dólar chegou a valer quatro reais. Poucos meses antes, a proporção fora de dois para um.

Em seu discurso de posse, no Congresso Nacional, Lula procurou reafirmar a política econômica vigente, embora reforçasse a necessidade de mudanças e insistisse no combate à fome, a tônica de seu primeiro mandato.

> Companheiros e companheiras,
>
> Mudança; esta é a palavra-chave, esta foi a grande mensagem da sociedade brasileira nas eleições de outubro.
>
> [...]
>
> E eu estou aqui [...] para dizer que chegou a hora de transformar o Brasil naquela nação com a qual a gente sempre sonhou: uma nação soberana, digna, consciente da própria importância no cenário internacional e, ao mesmo tempo, capaz de abrigar, acolher e tratar com justiça todos os seus filhos.
>
> [...]
>
> O combate à corrupção e a defesa da ética no trato da coisa pública serão objetivos centrais e permanentes do meu governo. É preciso enfrentar com determinação e derrotar a verdadeira cultura da impunidade que prevalece em certos setores da vida pública. Não permitiremos que a corrupção, a sonegação e o desperdício continuem privando a população de recursos que são seus e que tanto poderiam ajudar na sua dura luta pela sobrevivência.

> Ser honesto é mais do que apenas não roubar e não deixar roubar. É também aplicar com eficiência e transparência, sem desperdícios, os recursos públicos focados em resultados sociais concretos. [...] E acreditem, acreditem mesmo, não pretendo desperdiçar essa oportunidade conquistada com a luta de muitos milhões e milhões de brasileiros e brasileiras.[2]

Com esse compromisso firmado e afirmado, o presidente Luiz Inácio Lula da Silva deu início a seu mandato. O mercado e a mídia aguardavam ansiosamente pelo nome do novo presidente do Banco Central, para saber que coloração Lula daria à política monetária. Mas, numa viagem a Washington, para encontrar-se com o presidente americano George W. Bush, Lula surpreendeu a todos anunciando primeiramente o nome de Marina Silva, como a nova ministra do Meio Ambiente, e de Antonio Palocci Filho, para comandar a pasta da Fazenda.

Nem Marina sabia ainda que fora anunciada.

Numa entrevista coletiva realizada no National Press Club, em 11 de dezembro de 2002, o presidente eleito aproveitou o forte interesse internacional por sua chegada ao poder para uma inteligente jogada de *marketing*, direcionando o holofote para a personagem sabidamente respeitada pela comunidade ambientalista internacional.

A notícia de que Marina Silva seria a ministra foi saudada por todos como sinal de que o Brasil atentava para o clamor global por mais zelo com a floresta amazônica. Os índices crescentes de desmatamento envergonhavam o Brasil diante da comunidade internacional.

Historicamente, o nome do ministro do Meio Ambiente era um dos últimos a ser anunciado, dada sua absoluta irrelevância. Na ocasião do anúncio, o então coordenador da ONG verde Instituto Socioambiental, João Paulo Capobianco, comentou que "o fato de Lula indicar uma pessoa comprometida de forma inequívoca e de ser um dos primeiros ministérios a ser anunciado quebra uma tradição".[3]

Para a imprensa americana, Lula enfatizou que a Amazônia seria "tratada diferentemente" em seu governo. Por isso, ele havia escolhido a companheira Marina, "para tomar conta da política ambiental".

O presidente acrescentou que estava convicto de que ela iria "promover uma política de desenvolvimento sustentado para a Amazônia, que combina ao mesmo tempo a necessidade de preservação ambiental com a criação de empregos para as mais de 20 milhões de pessoas que moram na região".[4]

A "campanha" para levar Marina Silva ao comando do ministério começara bem antes. Tentando influenciar na decisão, representantes de 140 organizações ambientalistas, com o apoio de políticos, cientistas, pesquisadores, professores e empresários, enviaram uma carta ao presidente eleito defendendo a nomeação da senadora como meio de valorizar um ministério até então preterido.

Cheguei a discutir com o pessoal das ONGs se era oportuna essa carta que eles queriam mandar, porque poderia constranger o presidente, e ele deveria sentir-se livre para escolher. Eles me garantiram que os termos eram muito respeitosos e sem nenhum caráter de pressão.

Marina estava no plenário do Senado no dia 12 de dezembro de 2002 quando uma pequena confusão se formou do lado de fora. Jornalistas queriam repercutir a fala de Lula, em Washington, e se amontoavam esperando pela senadora.

Vi um batalhão de jornalistas querendo falar comigo, recuei pela porta de trás, chamei meu assessor, o Erlando, e perguntei: "meu Deus, o que foi que eu fiz?". Depois fui dizer aos repórteres que não tinha tido contato com o presidente. Não dei declaração de ministra.

Antes de Lula viajar, eles haviam conversado. Marina fora encontrá-lo no Hotel Blue Tree, de Brasília, onde o presidente eleito vinha se reunindo com sua equipe de transição. Fora uma conversa afetuosa, de companheiros.

Disse a ele que achava que a política de meio ambiente não poderia ser isolada dos outros ministérios, mas que passasse por todas as ações de governo. Eu já falava na questão da transversalidade, mas sem usar ainda esse termo. E a resposta de Lula foi "vamos ver como é que a gente faz".

Pedi a ele a liberdade de formar a equipe, disse que a mediação seria feita com pessoas do partido, de fora do partido, da academia e da sociedade. Ele disse: "você fica à vontade". Quando alguns tentaram pressionar para que fosse uma equipe majoritariamente petista, não só evitei que isso ocorresse como os que chamei do PT eram os quadros que tinham a ver com a agenda ambiental. Não foi ninguém para lá sem ser nessa condição.

O ambientalista Fábio Feldmann acredita que a escolha de Marina para a pasta foi um importante reconhecimento de que as "questões ambientais e, especificamente, da Amazônia eram fundamentais, e que se pretendia colocá-las efetivamente numa agenda que fosse sistemática". O trabalho no ministério afetava "interesses concretos, coletivos e muito bem identificados, com uma capacidade de mobilização maior do que a daqueles que estariam sendo defendidos".

É um tipo de labor cujos resultados costumamos demorar mais que a média para serem colhidos. Feldmann, que foi responsável pela implantação, sob protestos, do rodízio municipal de veículos na cidade de São Paulo quando era secretário estadual de Meio Ambiente, em 1996, sabe o que é ter de esperar para ver as sementes da sustentabilidade começarem a brotar. "Você coloca uma questão na agenda hoje e ela só vai ter legitimidade muito tempo depois."

A reação dos paulistanos à obrigatoriedade de deixar o carro em casa um dia por semana foi tão intensa que ele chegou a sofrer ameaças de morte e precisou andar com guarda-costas. A oposição ao rodízio também lhe custou a reeleição em 1998, depois de três mandatos como deputado federal pelo PMDB e pelo PSDB.

Feldmann avalia que Marina soube enfrentar com paciência e perseverança itens controversos, como a pauta contra os transgênicos e a aprovação da Lei da Mata Atlântica, que envolviam muitos interesses contrários. Mas lhe faltou, ao final, apoio político para continuar avançando a agenda.

De terninho marrom, sua cor favorita, para horror dos supersticiosos, colar de bijuteria indígena e cabelos presos em coque e amarrados com uma fita preta, a nova ministra assumiu o posto em 1°. de janeiro de 2003, no auditório do Instituto Nacional do Meio Ambiente e Recursos Naturais Renováveis (Ibama).

Ao entregar o cargo, o antigo ministro, José Carlos de Carvalho, ergueu o braço direito da senadora, num gesto de vitória. Ela fez um pronunciamento improvisado, pela dificuldade que encontrou em ler o discurso oficial.

No dia 6, no mesmo auditório, uma cerimônia marcada para as cinco da tarde reuniu membros da nova equipe em torno da posse do médico e pesquisador amazonense Marcus Barros, que assumia como presidente do Ibama, substituindo Rômulo Melo.

O atual presidente da Light, Jerson Kelman, dirigia a Agência Nacional de Águas (ANA) e estava presente. ANA é um órgão vinculado ao ministério, responsável por regular o acesso aos recursos hídricos, promovendo seu uso sustentável.

Kelman estranhou ao ver que seu nome não estava na mesa de cerimônias. Esta era composta somente da ministra, o secretário-executivo, Cláudio Langone, o presidente do Ibama e alguns assessores próximos.

Nomeado ainda na administração FHC, em 2001, Kelman tem perfil técnico e não é filiado a nenhum partido político. Mas sua figura estava associada à gestão anterior, do PSDB. Seu mandato ia até 2005. Ele relembra a ocasião com clareza:

> A ministra percebeu que aquilo não estava muito certo. Ela percebeu que havia uma espécie de cerca, um divisor que se criava entre o time que chegava e a equipe antiga, associada a FHC. Era um sinal simbólico, do tipo: nós, petistas, não nos misturamos com esses calhordas que estavam na administração Fernando Henrique.

Percebendo o constrangimento, Marina Silva convidou Kelman para compor a mesa. Discursou em tom conciliatório, dando as boas-vindas a todos, conclamando as equipes a trabalharem juntas.

> Ela demonstrou ser uma pessoa sem preconceitos. Tem uma inteligência emocional forte, percebeu ali um clima de divisão e, em resumo, disse que tínhamos de deixar de mesquinharia, de pequeneza de dizer "sou do time A e você do time B e, portanto, não podemos nos unir".

Ele admite que naquele dia 6 de janeiro, o discurso da nova ministra o deixou emocionado. Ao final, aproximou-se de Marina e lhe deu um abraço afetuoso.

> Quando ela assumiu, eu não tinha nenhum preconceito em trabalhar de forma proativa para a nova equipe. Meu cérebro estava à disposição dela. Mas, a partir daquele momento, ela tinha conquistado meu coração. Daí em diante, sempre trabalhamos com muita proximidade e desenvolvi grande carinho por ela.

Como diretor-presidente da ANA, ele notou logo de cara que a ministra se concentrava mais nos assuntos relativos a florestas, e não tanto em recursos hídricos.

> A preocupação da ministra era com a floresta e não com a água. Mas, como ela é muito curiosa e intelectualmente honesta — aquilo que ela não sabe diz que não sabe e se dispõe a aprender —, muitos dos temas propostos na agenda da água ela escutava pacientemente, para poder assimilar.

Kelman assessorou Marina no grande tema relativo a águas no começo do governo Lula: a transposição do rio São Francisco. Trata-se de uma obra de mais de 6 bilhões de reais, iniciada 4 anos mais tarde, em 2007, sob forte controvérsia. O objetivo é levar água a cerca de 12 milhões de pessoas que vivem no semiárido nordestino, uma das regiões mais pobres do Brasil. O nome oficial é Projeto de Integração do Rio São Francisco com as Bacias Hidrográficas do Nordeste Setentrional.

A ideia é tão antiga quanto Dom Pedro II, que já nos tempos do Império imaginava que o problema das secas cíclicas no Nordeste só seria resolvido com uma poderosa intervenção local por parte da engenharia das águas.

O rio São Francisco percorre 2.700 quilômetros, banha cinco Estados brasileiros, interligando as regiões Sudeste e Centro-Oeste ao Nordeste. Minas Gerais, onde fica a sua nascente, Bahia, Pernambuco (terra do presidente Lula), Sergipe e Alagoas estão nesse trajeto fértil e caudaloso, motivo de riqueza ou de preocupação, dependendo do prisma com que se olhe.

O Velho Chico, como é carinhosamente chamado, recebe água de 168 afluentes, dos quais 99 são perenes. A bacia do rio abrange 504 municípios, 9% do total nacional, dos quais quase metade está situada em território baiano. Depois de movimentarem gigantescos geradores de cinco usinas hidrelétricas, as águas do São Francisco, como fazem todos os rios, correm para o mar.

A transposição prevê a captação de um pequeno percentual do volume de águas do rio para abastecer, por meio de 700 quilômetros de canais de concreto, as populações nos períodos de estiagem. Alvo de protestos por parte de ambientalistas, religiosos e minorias, como índios e trabalhadores do Movimento dos Sem-Terra — que argumentam que a obra é faraônica e acabará por secar o rio — foi defendida e tirada do papel pelo governo Lula, um nordestino que conhece a agonia da seca.

O governo garante que o projeto estimulará a economia regional, mantendo nos Estados milhares de imigrantes que procurariam emprego no Sul e Sudeste, nas fases críticas.

Cercada de polêmicas de fundo político, socioambiental e técnico — despertando paixões e até greves de fome, que fizeram muitas manchetes de jornal durante o período de debate —, a transposição tornou-se questão indigesta no primeiro mandato de Lula. Kelman recorda:

> O time do Ministério do Meio Ambiente, com suas bases ideológicas, tinha antipatia natural pela transposição. Mas havia os aspectos de natureza técnica, que iam além do que os jornais eram capazes de divulgar. O debate público sobre o rio São Francisco foi muito focado em questões irrelevantes, e Marina teve a honestidade de tentar entender o assunto mais profundamente. O conceito que a ANA adotou era generoso e ela o endossou, mesmo contra a opinião em geral desinformada das bases políticas que a sustentaram. Foi corajosa sua posição.

O semiárido é refém de um ciclo de pobreza. Por causa das estiagens regulares, em média a cada cinco anos, as indústrias não se instalam na região, por temor da escassez de água. E as lavouras perenes, mais valiosas, não conseguem se expandir.

> Marina compreendeu que, de um lado, você tem, em algumas épocas do ano, o São Francisco com excesso de água, causando enchentes entre Alagoas e Sergipe. Nessas ocasiões, seria interessante pegar esse excesso de água, impedir que fosse para o mar e armazená-lo nas dezenas de açudes que já foram construídos na região. Do ponto de vista hídrico, isso fazia muito sentido.

Quando assumiu, segundo Kelman, o grau de conhecimento da ministra sobre o assunto era baixo.

> Além de não conhecer o teor técnico, ela trazia a carga ideológica de companheiros de militância política e ambiental, em sua maioria contrária ao projeto. Mas teve honestidade intelectual para buscar a verdade, mesmo que fosse impopular ou que, ideologicamente, não combinasse com a opinião superficial de seus aliados ideológicos. Ela teve a coragem de dizer — eu entendi e vamos fazer o que é certo. Isso é raro, incomum.

Kelman enfatiza, entretanto, que discorda da maneira como a obra de transposição está sendo realizada.

> O ideal seria que antes de iniciar a construção já estivessem definidos os direitos e deveres dos beneficiados na região receptora. Sendo o direito a cota de água de cada irrigante, ou seja, indústria ou companhia de saneamento; e sendo dever o pagamento de uma quantia proporcional à respectiva cota de água para manter a estrutura em funcionamento.

Mais do que um técnico que aprendeu a admirar a colega de trabalho, Jerson Kelman conta que se tornaram amigos, mesmo que aparentemente tenham muito pouco em comum.

> Sinto-me muito próximo dela. Não sou cristão — sou judeu de origem — além de ateu. Na minha convicção, a história da humanidade seria muito melhor se não houvesse religião. Portanto, nada em comum com a Marina, que é cristã praticante.
>
> Tamanha diferença de percepção do mundo não foi obstáculo para que nos aproximássemos. Ela sempre querendo me converter, me salvar [diz, rindo]. Não propriamente para a sua religião. Creio que já ficaria satisfeita se me resgatasse para o judaísmo. Sempre com enorme generosidade e tolerância, com a capacidade de reconhecer que para constituir-se em ser humano decente, com padrões corretos, não precisamos ser iguais.
>
> O grande mal que vejo historicamente nas religiões é exatamente o que não tem na Marina — a convicção de que eu estou certo e todos os outros estão errados, e qualquer coisa diferente daquilo que eu acho que

> é o certo vem de um pilantra. Esse é um pouco o espírito do PT. É esse chauvinismo, que causa tantos males à humanidade. Marina não é chauvinista. É uma qualidade rara, por isso tenho tanto apreço por ela.

A amizade não o impediu de fazer críticas à gestão da ex-ministra. Kelman acredita que Marina Silva poderia ter sido tecnicamente mais bem assessorada no ministério, com algumas exceções.

> O time tinha uma visão assembleísta, crendo que o processo é muito importante. Nesse sentido, ela teve um pouco de culpa, mas atribuo isso ao *modus operandi* do partido, que dá ênfase ao processo de decisão, e nem tanto aos resultados. Eu tenho um espírito muito pragmático e ficava às vezes exasperado quando via a necessidade de ter coisas decididas rapidamente, mas em vez disso havia muitas reuniões, onde o principal resultado era marcar a próxima reunião. Esse estilo de gestão não é só dela, é um estilo petista.

Kelman levava essas críticas à própria Marina, que discordava de sua visão.

> Ela dizia que eu desprezava o processo. Dizia que era por meio do processo que se modificavam as pessoas. Vinha de um *background* diferente, muito democrático, e tinha um certo pudor de exercer autoridade, buscando sempre o consenso. Politicamente, isso é uma fraqueza? Ela vê como um estilo de gestão. Eu exerço muito sem cerimônia a autoridade, se estou investido dela. Acho que é mais o estilo da administração privada. No caso do time que ela escolheu, havia muita discussão. Acho que isso diminui a eficiência.

Questionado se uma pessoa com a experiência da ex-ministra, sua visão de mundo, sua conhecida integridade, teria condições políticas de alçar voos mais altos, como assumir uma pré-candidatura à Presidência da República, Kelman responde:

> Chegar a presidente? Tem uma expressão em inglês — *bootstrapping* — que pode ser traduzida como alguém que se ergue sozinho, sem ajuda externa. Assim é Marina. Sua história de vida é extraordinária e inspiradora.

Ela enxerga para onde devemos caminhar e tem sensibilidade na escolha do caminho. São duas das condições necessárias para quem almeja voos mais altos.

Mal arregaçara as mangas para o trabalho no Ministério do Meio Ambiente, já havia uma péssima notícia a dar no que se referia à questão mais sensível: o desmatamento na Amazônia.

O avanço dos madeireiros sobre a floresta atingira 27 mil quilômetros quadrados no ano anterior, e a nova ministra percebeu que o almejado conceito da transversalidade deveria ser implementado com urgência.

Negociou com governadores dos Estados da Amazônia, ministros e técnicos durante o ano de 2003 para, em março de 2004, lançar o Plano de Ação para Prevenção e Controle do Desmatamento na Amazônia Legal. O Plano reuniu os 14 ministérios, que seriam coordenados pelo então ministro da Casa Civil, José Dirceu. A secretaria-executiva seria exercida pelo Ministério do Meio Ambiente.

Entre 2004 e 2009, esse plano fez que o desmatamento da Amazônia caísse de 27 mil quilômetros quadrados para sete mil, ou seja, uma redução de 74%. Essa queda evitou que mais de 2 bilhões de toneladas de CO^2 fossem lançados à atmosfera do planeta. A ex-ministra recorda como foi:

Queriam que eu fizesse a coordenação do plano, que era caro para mim. Mas nós pensamos e dissemos: vamos colocar isso dentro da Casa Civil, porque é quem tem poder de convocação. Conversei com o então ministro José Dirceu e ele concordou. Ele foi muito correto comigo durante o lançamento do primeiro índice de desmatamento, no Ministério de Ciência e Tecnologia. Havia um grupo que dizia que eu não deveria me preocupar, porque aquele índice que iríamos anunciar se referia ao governo anterior. Mas eu dizia que não, que o que estava em questão era a Amazônia e, se havia aumentado o índice de desmatameto, era para nós nos preocuparmos, sim.

Pensamos em que medidas anunciaríamos na hora de informar sobre os dados referentes a 2001 e 2002. Nossa ideia era fazer um plano envolvendo todos os ministérios, com base em três diretrizes — apoio às atividades sustentáveis; combate às práticas ilegais; ordenamento territorial e fundiário —, para que pudesse haver uma queda estruturante do desmatamento, e não apenas uma pirotecnica, um correr atrás de madeireiros. Queríamos que fosse um trabalho que todo mundo fizesse junto.

Algumas pessoas discordavam de colocar o plano na Casa Civil, por considerar que ali não haveria estrutura para promovê-lo. Eu dizia que, se necessário fosse, viraríamos carregadores de pasta do ministro. Faríamos a parte executiva, mas quem coordenaria seria o ministro da Casa Civil. O Zé (Dirceu) ia para o anúncio dos dados comigo naquele dia, mas na última hora havia uma reunião importante à qual ele não poderia faltar. Eu liguei pra ele e perguntei: Zé, eu posso anunciar tudo como um plano transversal, envolvendo 14 ministérios, coordenado pela Presidência da República, através da Casa Civil? Isso dará estatura ao plano. Ele respondeu: "pode".

Assim eu anunciei. E no dia seguinte, o ministro convocou uma reunião com todos os ministérios, e começamos a trabalhar.

Apesar do empenho, um ano mais tarde, o Plano de Ação para Prevenção e Controle do Desmatamento na Amazônia Legal renderia à ministra um de seus momentos delicados no governo. Em 2005, Marina ainda teve de anunciar a segunda maior taxa de desmatamento da história da Amazônia desde que as monitorações do Instituto Nacional de Pesquisas Espaciais (INPE) tiveram início, em 1988. Os dados eram relativos a 2004, e havia a justificativa de que o plano federal só começara a ser efetivamente implementado alguns meses antes. Mas as ONGs e entidades ambientais criticaram o trabalho, expondo a ministra a um pronunciamento constrangedor.

Os dados do INPE mostravam que 26,1 mil quilômetros quadrados de floresta amazônica — quase o tamanho do Estado de Alagoas — haviam sumido do mapa entre 2003 e 2004. Marina foi a público e admitiu que o número representava mais de 6% de aumento no ritmo de desmatamento, em relação ao biênio anterior. Mas justificou que ainda era cedo para julgar a eficácia do Plano.

O ex-secretário-executivo do ministério, João Paulo Capobianco, lembra a ocasião do anúncio, dizendo que fugia à regra política um ministro assumir o desgaste de uma informação tão negativa quanto a que ela tinha de apresentar:

> Desmatamento da Amazônia? Via de regra era assim: manda outro anunciar para não se desgastar politicamente. Mas ela fez questão de anunciar o

> aumento do desmatamento, em 2004. Ela se colocava na frente, disse que iria anunciar para poder se comprometer com metas. Ela não deixava o governo se desgastar contra a equipe. Ela se punha na frente — "é comigo o negócio". Geriu com grandeza política essa questão. Marina disse ainda: "só vai ter licenciamento (ambiental) se for bem feito. Com a equipe que temos, vai demorar muito, nós não temos recursos. Então precisa aumentar a equipe".

Mas, já em 2005, os dados começaram a melhorar expressivamente. No anúncio relativo aos registros daquele ano, feito em 2006, Marina pôde informar ao Brasil que a implementação do plano conseguira diminuir para 18 mil quilômetros quadrados a área desmatada; esta cairia para 14 mil, em 2006; 11,5 mil, em 2007 e para 7 mil, em 2008.

O Plano de Ação para Prevenção e Controle do Desmatamento na Amazônia Legal acabou com a velha ideia de que a derrubada da floresta era um problema exclusivo da área ambiental, tornando todos os ministérios, sobretudo os da área de desenvolvimento, corresponsáveis pela busca e implementação de políticas públicas que eliminassem os incentivos diretos e indiretos ao desmatamento criados em várias dessas políticas setoriais.

No que se refere às medidas contra a ilegalidade na Amazônia, houve intensivas ações de repressão. No período em que Marina Silva esteve à frente do Ministério do Meio Ambiente, foi apreendido um milhão de metros cúbicos de madeira, desmontadas mais de 1.500 empresas associadas ao comércio de madeira ilegal e inibidas 37 mil propriedades de grilagem. O trabalho do Ibama contou com a ajuda da Polícia Federal, do Ministério da Defesa e do INCRA, num esforço de ampliação da fiscalização e da inteligência na região. A ex-ministra relembra:

> *Imagina o que é você ter de colocar de pé um plano dessa magnitude, ter de prender centenas de pessoas, desconstituir 1,5 mil empresas, aplicar 4 bilhões de reais em multas, criar 24 milhões de hectares de unidades de conservação em áreas que estavam sendo ocupadas de forma predatória. Isso gerou um tensionamento muito grande, mas o tempo todo dizia para a minha equipe que iríamos fazer as coisas estruturantes ainda que elas não rendessem, digamos assim, nenhum retorno imediato em termos de simpatia.*

Sabíamos que aquilo era o que precisava ser feito e agora os frutos estão aparecendo. Acredito que aquele início foi muito mais difícil do que o que temos agora. O desafio é muito grande porque não é só repressão, é colocar em curso toda uma agenda, a agenda do desenvolvimento sustentável.

Além do desmatamento, outro grande tema durante o primeiro mandato de Lula foram os transgênicos. Marina tenta desmistificar uma suposta inimizade existente entre ela e o ex-ministro da Agricultura, Roberto Rodrigues, seu grande opositor nessa pauta.

O embate com o Ministério da Agricultura sempre foi num tom muito elegante. Logo no primeiro dia de governo, quando Lula anunciou a equipe, estávamos Celso Amorim, Roberto Rodrigues e eu, juntos, ali no Planalto, felizes da vida. Chegaram uns jornalistas e nos questionaram sobre os transgênicos. Perguntaram a minha posição e a do ministro da Agricultura. No dia seguinte, já tinha matéria dizendo que havia divergências entre nós dois, e isso foi sendo alimentado. Não tinha briga nenhuma. Era um debate legítimo entre pensamentos diferentes.

Roberto Rodrigues concorda, mas conta que a colega tinha uma postura mais radical quando assumiu a pasta, e que foi mudando ao longo do mandato.

> Nunca discuti com ela publicamente, em nenhum momento tivemos uma altercação pública. A imprensa explorava nossas posições contrárias. A discussão era entre paredes, e ela é grata a isso, chegou a dizer isso para mim mais tarde.
>
> Quando assumimos, em janeiro de 2003, o PT tinha uma posição programática contra os transgênicos, definida pelo candidato Lula. Embora não fosse explícito, o programa fazia restrições vigorosas aos transgênicos. Não obstante, já tínhamos cerca de 10% de produção de soja transgênica com semente contrabandeada da Argentina, 95% disso no Rio Grande do Sul. Fingir que não existia aquilo seria cabotino. Falei pro Lula: "Presidente, não acho certo de nossa parte fazer o que o outro governo fez, fingir que isso tudo não existe. Precisamos criar um mecanismo para que isso seja reconhecido".
>
> Sugeri um mecanismo transitório, uma medida provisória, que permitisse a comercialização desse produto dentro de determinadas limi-

> tantes, até que houvesse tempo de discutir uma lei de biossegurança que desse tranquilidade ao país e a todos os participantes do processo. O presidente topou.

Marina foi contra a medida, dizendo que era ilegal e inaceitável. Mas Lula bateu o martelo e pediu aos ministros que se entendessem.

Já em fevereiro de 2003, o governo editou uma MP permitindo a venda de soja transgênica até o prazo de 31 de dezembro de 2004. A decisão foi prorrogada por mais 60 dias. Em abril do mesmo ano, entrou em vigor o decreto 4.680, determinando que o símbolo transgênico aparecesse no rótulo de alimentos e ingredientes alimentares destinados ao consumo humano ou animal que contivessem ou fossem produzidos a partir de organismos geneticamente modificados (OGM), com presença acima do limite de 1%.

Rodrigues comenta:

> Marina tinha razão no sentido de que quem plantou antes, plantou fora da lei. Do ponto de vista jurídico, ela estava certa. Defendia que as culturas fossem eliminadas. Eu defendia que não poderia botar todo mundo na cadeia, que precisava haver um meio termo.

Surgiu então uma disputa ideológica. Produtores ligados ao Movimento dos Trabalhadores Rurais Sem Terra (MST) posicionaram-se a favor da soja transgênica, por ser mais produtiva e mais barata, enquanto a liderança política do movimento permanecia contrária. A discussão pegou fogo.

> Como eu tinha essa vertente do pragmatismo, queria criar um mecanismo que legalizasse o processo. Essa foi a única disputa que tivemos de verdade. Acabamos encontrando um caminho, que foi o Termo de Ajuste de Conduta (TAC), que a Marina propôs e nós trabalhamos em cima disso. Foi isso que deu margem à comercialização daquela safra.
>
> Iniciamos em seguida as discussões para a nova lei. Marina se opunha a qualquer mecanismo que permitisse o plantio. Ela dificultava muito, sua posição era muito fundamentalista. Os argumentos dela eram que aquilo não era um processo natural — como é que você vai tirar um gene de um ser vivo e colocar em outro tendo por objetivo uma transformação

> genética. Eu dizia pra ela: "Marina, todos nós somos transgênicos, minha filha, uma transgenia mais lenta, contudo". Isso tudo atrasou enormemente a discussão.

A ex-ministra nega que fosse radicalmente contra os transgênicos. Na avaliação de especialistas, contudo, o custo de fazer uma segregação de plantio, como propunha a ministra, inviabilizaria essas lavouras.

Quando ficou claro que a posição pró-transgênicos venceria, Marina sofreu, sentindo-se pessoalmente derrotada, segundo Rodrigues. Pela primeira vez, cogitou pedir demissão.

Além da estrutura molecular das sementes, o DNA do próprio Partido dos Trabalhadores parecia ter sido alvo de bombardeamento durante o primeiro mandato de Lula. As atenções do país voltaram-se para a chamada Crise do Mensalão, as denúncias de um esquema de compra de parlamentares que ocuparam as manchetes dos jornais nos anos 2005 e 2006.

Na maior crise política enfrentada pelo presidente, o mensalão era uma suposta "mesada" paga a deputados para votarem a favor de projetos de interesse do Executivo.

> A primeira vítima no alto escalão do governo foi o homem forte de Lula, ministro chefe da Casa Civil, José Dirceu, que, em junho de 2005, deixou o governo acusado de ser o mentor do escândalo. Dirceu teve seu mandato de deputado federal cassado no dia 1º de dezembro de 2005, tornando-se inelegível até 2015.

Para o seu posto, na Casa Civil, foi escolhida a então ministra de Minas e Energia, Dilma Rousseff.

Marina fala de seus sentimentos nesse período de profundos questionamentos éticos em seu partido político.

Foi muito difícil para todos nós do PT, porque havia um grande desserviço em curso, aquela coisa de ficar dizendo todos os partidos são iguais, todos os políticos são iguais. O PT era uma espécie de ícone ético, e aquilo tudo foi uma coisa muito ruim. Era como dizer: bem-vindo à vala comum. Sempre tive a noção de que somos seres humanos imperfeitos e que todos cometemos erros. Mas havia um esforço muito grande de fazer diferente. Além disso, os erros praticados foram por pessoas importantes na hierarquia do partido, e em função disso havia uma potencialização enorme dos problemas para atingir o presidente Lula e o próprio PT. Os erros eram graves e precisavam ser investigados.

O que mais doía, segundo a ex-ministra, era acompanhar a generalização do erro, como se todos os membros do PT participassem do esquema.

As pessoas em geral falam da pessoa que cometeu o erro, e não do partido em geral. Mas ali se inaugurou a generalização, para o conjunto do partido, da culpa pelos erros cometidos por alguns membros de sua direção. Minha posição sempre foi que se deveria investigar e punir os culpados. Houve uma preocupação muito grande quando da saída do ministro José Dirceu, uma pessoa muito importante para o presidente Lula. E agora, como é que vai ser?

Foi um momento de constrangimento, mas havia algumas injustiças sendo praticadas em relação ao conjunto do PT. Ainda que a sociedade soubesse fazer alguma diferenciação. Duvido muito que as pessoas achassem que o (Luiz) Dulci, o Patrus (Ananias) e Tarso Genro, ou mesmo eu, casos emblemáticos de pessoas que gozam de muita credibilidade, estivessem envolvidas. Mas havia essa coisa de tentar generalizar.

A partir de 2007, durante o segundo mandato de Lula, as pressões contrárias à atuação da ministra se intensificaram. O *lobby* do agronegócio já disseminava a imagem de que a ministra atrapalhava o desenvolvimento do país.

Convidada a permanecer na equipe ministerial, Marina Silva introduziu reformas na estrutura do Ministério do Meio Ambiente. As cinco secretarias, Qualidade Ambiental, Amazônia, Biodiversidade e Florestas, Desenvolvimento Sustentável e de Recursos Hídricos, precisavam passar por mudanças.

O ministério, então, passou a contar com nova estrutura. Foi criada a Secretaria de Mudanças Climáticas e Qualidade Ambiental que, entre outras atribuições, cuidaria do tema que passou a dominar as preocupações no mundo. A reforma foi completada com as secretarias de Biodiversidade e Florestas, de

Recursos Hídricos e Ambiente Urbano, de Extrativismo e Desenvolvimento Rural Sustentável e de Articulação Institucional e Cidadania Ambiental.

Ao lado dessas secretarias, também foi criado o Instituto Chico Mendes de Biodiversidade, uma autarquia com autonomia administrativa e financeira, para propor, implantar, gerir, proteger, fiscalizar e monitorar as unidades de conservação (UCs) federais, atividades que até então eram desenvolvidas pelo Ibama.

A criação de uma autarquia específica para cuidar da gestão de unidades de conservação federais atendeu a uma reivindicação antiga do movimento ambientalista. Mas foi seguida de uma greve de cinco meses, que contribuiu para enfraquecer Marina, que já entrara em um período conturbado.

A economia brasileira se expandia com força, e o PAC — Programa de Aceleração do Crescimento estava na ordem do dia. O PAC era a menina dos olhos do governo federal, ao prever investimentos de 503,9 bilhões de reais até 2010, com ênfase em obras de infraestrutura nas áreas de saneamento, transportes, habitação popular e grandes usinas hidrelétricas, entre outras.

À ministra Dilma, conhecida por sua fidelidade ao PT e ao presidente Lula, e também por sua capacidade gerencial, foi conferido o posto de gestora do programa. Por conta disso, ela ganhou o apelido de "mãe do PAC".

No embalo do crescimento, a ordem era expor essa reluzente vitrine de obras — muitas delas, na verdade, uma colagem de antigos projetos já em curso — como o grande legado de desenvolvimento a ser deixado pela "Era Lula".

capítulo 22

o pedido de demissão

Enquanto os desenvolvimentistas comemoravam o avanço das betoneiras pelos canteiros de obras espalhados pelo país, os ecologistas reclamavam da falta de preocupação ambiental inerente ao PAC.

O jornalista Sérgio Abranches, especialista em temas socioambientais, analisou o programa sob a perspectiva ecológica:

> O PAC é uma afronta ambiental. [...] O governo toma, diariamente, na área do desenvolvimento econômico, da indústria, da agricultura, da energia e dos transportes, medidas que contrariam a possibilidade de uma política de mitigação das emissões de carbono e da mudança climática. A declaração recente da ministra Dilma Rousseff de que a Amazônia é a fronteira hidrelétrica do Brasil só não é pior que sua declaração original, no lançamento do PAC, de que ela era a fronteira agrícola em expansão. O plano rodoviário para a Amazônia é uma tragédia e tem alternativa ferroviária, que jamais foi discutida. A recém-lançada política industrial não faz nem uma simbólica referência à questão ambiental.[1]

Alguns meses após o lançamento do plano, o jornalista escreveu no portal *O Eco*:

> Os piores cenários estão se cumprindo para a Amazônia. Ela ainda não entrou seriamente na pauta do debate nacional, em busca de um padrão de desenvolvimento que permita zerar o desmatamento, erradicar o trabalho escravo, desfazer as redes de grilagem, que alimentam o crime organizado na região. As empresas brasileiras ainda não se deram conta de que quando aceitam transacionar com produtos amazônicos ilegais estão causando

danos irreparáveis a sua reputação e, mais cedo que imaginam, sofrerão as consequências no mercado global. A ideia de desenvolvimento que este governo tem para a Amazônia é velha, de 50 anos. A Amazônia que aparece nas exposições da ministra Dilma Rousseff é a de uma fronteira de expansão agrícola, recortada por rodovias e coalhada de hidrelétricas. Só falta tirar dos mapas do PAC o verde da floresta, porque, se esse modelo for mesmo implantado totalmente, será um fator decisivo para que ela entre em processo irreversível de debilitação.

O Brasil não é mais subdesenvolvido por um critério de quantidade. Ele é subdesenvolvido por um problema de qualidade. E isso é uma ameaça para nós e para a Amazônia. A floresta só sobrevive em um modelo de desenvolvimento de qualidade que eleve a qualidade e a densidade científica e tecnológica das atividades que seriam responsáveis por seu dinamismo econômico, inclusive a qualidade da educação e dos empregos gerados na região. O desenvolvimento no século XXI não será de quantidade, por mais que pareça o contrário quando se olha para a China. O único padrão de desenvolvimento sustentado viável neste século será de desenvolvimento com mais qualidade e menos quantidade. Estamos longe, muito longe, de estarmos qualificados para ele.[2]

A trégua verificada na derrubada das árvores nos anos anteriores cessara em 2007, e as más notícias voltaram no início de 2008. Os dados tinham piorado novamente, apesar dos esforços.

O INPE informou, em janeiro, que seu sistema de detecção de desmatamento em tempo real, criado a pedido de Marina para orientar o Plano registrara a derrubada de 3.235 quilômetros quadrados de florestas na Amazônia apenas nos últimos cinco meses de 2007. De posse das informações, a ministra agravou o anúncio oficial ao afirmar que o Ministério do Meio Ambiente acreditava que o dado real do período chegasse a mais que o dobro anunciado pelo INPE: 7 mil quilômetros quadrados.

Marina Silva apontou como prováveis causas da reaceleração do desmatamento a pressão por aumento da produção de soja e carne, *commodities* cujos preços haviam subido. Na conjuntura global, o mundo crescia em ritmo acelerado e a demanda por proteínas aumentava rapidamente, valorizando os preços dos grãos e da carne. Os produtores queriam aproveitar o bom momento econômico para ganhar dinheiro. E, para tanto, a floresta voltou a arder.

O Estado do Mato Grosso, governado por Blairo Maggi, aparecia como campeão nacional da derrubada das matas. Segundo dados relativos a 2007, sete municípios dentre os dez primeiros colocados na devastação se encontravam no MT. A grande maioria era controlada politicamente por Maggi.

Com a procura por alimentos em alta, o governador justificou na ocasião: "chegará a hora em que será inevitável discutir se vamos preservar o ambiente do jeito que está ou se vamos produzir mais comida. E não há como produzir mais comida sem fazer a ocupação de novas áreas e a retirada de árvores".[3]

Autor da célebre frase: "Esse negócio de floresta não tem o menor futuro", Blairo Maggi, maior produtor brasileiro de soja, virou o símbolo do apetite do agronegócio pelas florestas (no chão, claro), sendo homenageado num concurso promovido pelo Greenpeace com o primeiro lugar e o troféu *Motosserra de Ouro*, em 2007. Maggi teve 37% de mais de 27 mil votos; o presidente Lula veio em segundo, com 26%, e o governador do Pará, Simão Jatene, vice-líder no desmatamento, em terceiro, com 21%.

A frustração com os resultados do Plano de Ação para Prevenção e Controle do Desmatamento na Amazônia Legal era, pois, geral e atingia os ambientalistas. O diretor do Greenpeace, Sérgio Leitão, conta que seus colegas verdes viviam um dilema.

> Uma das discussões com as ONGs e os movimentos sociais era até que ponto a presença de Marina Silva no ministério funcionava como um freio inibidor de críticas ao governo. Como ela era uma figura muito forte e respeitada, ficava difícil atacar as políticas ambientais do governo, pois isso significava atacar a Marina.
>
> Tratava-se de um fator de tensão não tanto com ela, mas com os seus assessores. Havia questionamentos muito fortes sobre se ao se fazer ataques a decisões de governo na área ambiental você não estava de certa forma enfraquecendo uma ministra que você deveria reforçar. Isso sempre foi um ponto de tensão. Um ponto não devidamente esclarecido.
>
> Ao atacar o Ministério do Meio Ambiente você enfraqueceria o órgão que, bem ou mal, fazia a defesa dos temas da área ambiental. Ao mesmo

> tempo, a mídia acirrava essa contradição, porque colocava o tempo todo a Marina como se fosse uma representante das ONGs.

A transparência no anúncio das informações sobre o aumento da devastação desagradara o Planalto. Marina foi advertida por Lula pela divulgação dos dados: em um almoço no Itamaraty, o presidente, sempre pródigo em metáforas, definiu as estimativas feitas pelo INPE como um "tumorzinho" que, antes do diagnóstico, já fora tratado como câncer, pois os cálculos se baseavam apenas em parte das imagens captadas da floresta.

Observadores comentam que a fidelidade de Marina a Lula e seu estilo claro de gestão a inibiam de fazer um jogo político comum ao poder: o de tensionar mais as relações para conseguir, avançar ou se cacifar internamente nas políticas de governo.

> A Marina não fazia isso, pelo menos não da maneira como outros políticos faziam. Talvez por prezar muito a relação com o presidente. Mas isso exasperava outras pessoas que lidavam com as políticas do ministério, que reclamavam que ela poderia pressionar mais.

Os atritos cresciam e a disputa com Blairo Maggi envolveu outra pauta importante: o asfaltamento da BR-163, rodovia que liga Cuiabá (MT) a Santarém (PA), que ficou conhecida como a "estrada Blairo Maggi".

A obra, planejada para baratear o custo de escoamento da produção de grãos do Mato Grosso na direção do rio Amazonas, corta uma das regiões mais ricas em recursos naturais do país. A ministra era contrária a sua liberação antes de ter em mãos os estudos de impacto ambiental. O mesmo problema se deu na questão das duas hidrelétricas do rio Madeira, em Rondônia, obras necessárias, segundo o governo, para prover energia elétrica necessária ao ciclo de crescimento econômico, o novo Brasil que se desenhava.

Marina travou disputas com Dilma Rousseff, defendendo que as licenças ambientais fossem levadas a sério. Dilma reclamava publicamente do atraso. Lula tinha pressa e passou a criticar a ministra do Meio Ambiente abertamente, afirmando que as licenças estavam demorando muito para sair.

Em maio de 2007, a polêmica questão ambiental chegou ao ápice. Ao ser informado de que o Ibama vinha adiando a autorização para a construção das usinas, o presidente disparou, numa roda de interlocutores: "Agora não pode por causa do bagre. Jogaram o bagre no colo do presidente. O que eu tenho com isso?".

As usinas do Madeira, com potencial de geração de energia equivalente a metade da usina de Itaipu, a maior do país, eram a grande aposta do governo para evitar um eventual racionamento de energia durante a escalada do crescimento. Um racionamento já havia maculado os feitos do governo anterior, que se planejara mal e não previra que o país precisaria aumentar a potência para bancar um ritmo mais forte de desenvolvimento.

O problema é que o rio Madeira hospeda 463 espécies de peixes, cumprindo um papel fundamental no equilíbrio hídrico de toda a Amazônia. O Ibama temia que três espécies de bagre — dourada, piramutaba e piraíba — fossem extintas por causa das barragens, além de não saber o impacto que sofreriam as outras 460 espécies.

Além da diversidade biológica, a importância econômica dos peixes também foi subestimada. O bagre mencionado por Lula é um peixe enorme, de grande valor comercial na Amazônia, movimentando mercados não apenas no Brasil, mas na Colômbia, Bolívia e no Peru. Havia grande expectativa entre ambientalistas e pesquisadores sobre os impactos econômicos que as obras das usinas de Santo Antônio e Jirau poderiam causar nessa e em outras espécies que migram rio acima para procriar, como a piramutaba, piau, jaraqui e babão.

Apesar das críticas e reclamações de atraso nas deliberações, os números mostram que o total de licenças emitidas pelo Ibama subiu de 122, em 2003, ano em que a ministra assumiu, para 477, em 2008, ano de sua saída.

João Paulo Capobianco relembra que os projetos das usinas tiveram de ser alterados até serem aprovados pelo ministério.

> O empreendimento aprovado e licenciado pelo Ibama, depois de um longo processo de discussão, foi um projeto que se tornou viável de fato. As questões que a Marina colocou eram tão significativas que geraram inclusive uma reunião com a participação do próprio presidente da República e cerca de vinte pessoas, entre técnicos e especialistas, de quem o presidente ouviu diretamente esses argumentos.

> O projeto foi ajustado para resolver o problema dos peixes, que não eram só bagres, da malária, que se acentuaria gravemente, o problema de contaminação por mercúrio, que também seria uma consequência da obra, e da deposição de sedimentos, o principal deles. A obra mudou. O que era A virou B, tornando-se ambientalmente viável.

É interessante notar que Marina Silva sofreu na pele ao menos dois dos problemas mencionados como prováveis resultados da construção das barragens na forma como estavam anteriormente previstas — a malária e a contaminação por mercúrio.

Mas os ecologistas não gostaram muito de ver as usinas liberadas. Queriam impedir as obras a qualquer preço e chegaram a acusar a ministra de ter mudado de posição, cedendo a pressões.

Marina viajou pela primeira vez com o presidente Lula para o Amazonas, em 2005, já no princípio da gestação do que viria a ser o Plano Amazônia Sustentável, um programa para financiar atividades economicamente sustentáveis na região. Estava acompanhada do então ministro da Integração Nacional, Ciro Gomes, e de Guido Mantega, à epoca Ministro do Planejamento.

Insisti muito em que não fôssemos ali como sempre era feito: os governadores com o pires na mão e o Governo Federal sinalizando com coisas pontuais, fazendo colagem de demandas. Eu dizia: "vamos pensar um plano de desenvolvimento para a Amazônia que inclua infraestrutura e todos os outros aspectos". Fomos no avião do presidente discutindo como seria isso, o Ciro, o Guido e Lula. Ciro achava legítimo naquele começo que eu fosse a coordenadora do plano. Eu disse que não podia, porque aquele seria um plano de desenvolvimento, e quem coordenava desenvolvimento regional era o ministro da Integração. O Ciro dizia: "não, mas você é da Amazônia". E eu respondia: "mas eu já vou estar no plano, então você coordena politicamente e eu faço uma coordenação executiva".

Essa insistência em dividir a autoria dos feitos, ao mesmo tempo em que a torna um exemplo de liderança que valoriza a equipe, mina a força de suas decisões, ao diluir e alongar muito os processos, segundo a visão de alguns observadores próximos. "Havia horas em que se esperava dela que exercesse autoridade, e ela não exercia", diz um colega.

Marina não se acanha diante dessas críticas.

A noção que eu tinha em tese, de dividir a autoria, a realização e o reconhecimento, é uma coisa que funciona. Tudo por mim sempre foi feito assim. Obviamente que havia uma dificuldade muito grande do governo de se apropriar disso. Não sei se as pessoas não achavam que era importante, uma coisa não relevante, não sei, mas o tempo todo eu trabalhei em equipe.

João Paulo Capobianco, seu assessor no ministério, lembra várias ocasiões em que esse "estilo Marina" de governar causou-lhe certo mal-estar, e também a outros assessores.

A ministra era conhecida por participar de reuniões ministeriais acompanhada de técnicos. Não que ela desconhecesse o tema em pauta, mas gostava de apresentar ao presidente da República e aos ministros "a pessoa que mais entende deste assunto no ministério". Capobianco recorda:

> Havia reuniões, com quatro ou cinco ministros, e vinha lá a Marina, trazendo três ou quatro secretários. Isso no começo era lido pelo Palácio como insegurança dela. Como se ela precisasse levar gente porque não sabia o que falar. O pessoal ria disso, fazia piada. Mas ela continuava fazendo, mesmo com esse tipo de fofoca para desqualificá-la. É uma gestora de talentos.
>
> Ela chegava à reunião e dizia: "presidente, agora eu quero que o fulano fale", e o fulano era apenas um técnico, que tremia todo da primeira vez, mas depois se acostumava. Você via reuniões da alta cúpula do governo onde, se houvesse um especialista no assunto debatido, Marina não levava anotações, ela levava "o cara". Para valorizar a pessoa e para garantir que o argumento preciso fosse apresentado. Ela dizia: "eu entendi tudo o que você está falando e concordo. Mas quero que você vá lá dizer isso ao presidente".

Essa forma de gestão rendeu-lhe um elogio peculiar durante uma reunião em Brasília. Um representante das Nações Unidas, especialista em peixes marinhos, comparou Marina a "um peixe de águas profundas" — uma espécie discreta, que não aparece muito, mas que é fundamental na organização das cadeias alimentares e para a sanidade das águas dos mares". Um peixe que cumpre uma função fundamental para a vida marinha sem que quase ninguém se dê conta dele.

Para Capobianco, "embora Marina tivesse visibilidade, ela fez um trabalho de base. Fez uma diferença muito grande, que, tenho certeza, vai perdurar. Se não for destruído. Mas acho que não será."

O golpe final em seu mandato como ministra aconteceu em 8 de maio de 2008. Quadro-chave no desenvolvimento do PAS, Marina ficou sabendo que não seria a coordenadora do Plano Amazônia Sustentável durante uma reunião com o presidente Lula, da qual participavam, entre outros, governadores de Estados amazônicos, o ministro da Agricultura, Reinhold Stephanes, Geddel Vieira Lima, da Integração, e Mangabeira Unger, de Assuntos Estratégicos.

> A ministra Marina Silva engoliu em seco. Nem quem estava do seu lado percebeu que, naquele exato momento, ela decidira sair do governo. Foi na reunião no Palácio do Planalto, na quinta-feira, dia 8. Discutiam-se um conjunto de medidas chamado Arco Verde e o Plano Amazônia Sustentável. Marina enfrentou críticas na reunião, mas uma frase do presidente foi definitiva: "Então o importante é que tenha alguém isento para tocar esse plano. A Marina não é isenta; o Stephanes não é isento. Por isso, será o Mangabeira Unger".[4]

A ministra ouviu então de um amigo: "Você não está acumulando mais capital, está só perdendo".

Para cuidar da Amazônia, Lula tinha destacado o professor Roberto Mangabeira Unger, advogado carioca de sotaque esquisito, que atualmente voltou a dar aulas de direto brasileiro na Universidade de Harvard, nos Estados Unidos. Sem nenhuma familiaridade com a causa ambiental, Mangabeira Unger ocupou, de outubro de 2007 a junho de 2009, o comando do Ministério Extraordinário de Assuntos Estratégicos e a Secretaria de Assuntos Estratégicos (SAE). Deixou o cargo em 2009, para reassumir suas atividades acadêmicas.

Observadores viam Unger como um corpo estranho. "Numa acalorada discussão sobre como resolver o problema fundiário da Amazônia, Unger saiu-se com essa: 'Temos que mudar o Código Civil!'".[5]

Telefonou antes para cada um dos filhos e ao marido, para avisar sobre sua decisão. Queria que soubessem diretamente por ela, e não pela mídia. Mayara perguntou por que ela ia fazer isso: "Meu tempo para cumprir minhas tarefas passou; se eu sair, vou ajudar mais do que se ficar. Já não encontro muito espaço, filhinha".

Em 13 de maio de 2008, dia em que se comemora no Brasil a abolição da escravatura, Marina Silva entregou, por meio de um assessor, sua carta de demissão ao presidente Lula.

> Brasília, 13 de maio de 2008
>
> Caro Presidente Lula,
>
> Venho, por meio desta, comunicar minha decisão, em caráter pessoal e irrevogável, de deixar a honrosa função de Ministra de Estado do Meio Ambiente, a mim confiada por V. Exa. desde janeiro de 2003. Esta difícil decisão, Sr. Presidente, decorre das dificuldades que tenho enfrentado há algum tempo para dar prosseguimento à agenda ambiental federal.
>
> Quero agradecer a oportunidade de ter feito parte de sua equipe. Nesse período de quase cinco anos e meio esforcei-me para concretizar sua recomendação inicial de fazer da política ambiental uma política de governo, quebrando o tradicional isolamento da área.

Fez um balanço das realizações e concluiu:

> Tenho o sentimento de estar fechando um ciclo cujos resultados foram significativos, apesar das dificuldades. Entendo que a melhor maneira de continuar contribuindo com a sociedade brasileira e o governo é buscando, no Congresso Nacional, o apoio político fundamental para a

> consolidação de tudo o que conseguimos construir e para a continuidade da implementação da política ambiental.
>
> Nosso trabalho à frente do MMA incorporou conquistas de gestões anteriores e procurou dar continuidade àquelas políticas que apontavam para a opção de desenvolvimento sustentável. Certamente, os próximos dirigentes farão o mesmo com a contribuição deixada por esta gestão. Deixo seu governo com a consciência tranquila e certa de, nesses anos de profícuo relacionamento, termos feito algo de relevante para o Brasil.
>
> Que Deus continue abençoando e guardando nossos caminhos.

A carta foi entregue pelo então presidente do Ibama, Bazileu Margarido. Ele foi ao Palácio às 13h daquela terça-feira. Entregou-a nas mãos do secretário Gilberto Carvalho, Lula estava no Itamaraty. Quando recebeu a carta, o presidente reagiu irritado: "Mas já está aqui no on-line!".[6]

O presidente reagiu com espanto e, na mídia local e internacional, a resposta não foi diferente. Nunca antes na história deste país a saída de um ministro de Meio Ambiente tinha feito as manchetes dos jornais. A deferência estivera restrita aos comandantes da pasta da Fazenda.

Na manhã do dia 14 de maio de 2008, leitores de jornais do Brasil inteiro encontraram a notícia estendida em seis colunas, no alto da primeira página:

- *Folha de S.Paulo:* "Sem apoio de Lula, Marina se demite".
- *O Estado de S.Paulo:* "Desgastada, Marina Silva renuncia".
- *Jornal do Brasil:* "Rio ganha ministério".
- *O Globo:* "Desautorizada por Lula, Marina deixa ministério".
- *Valor Econômico:* "Marina perde espaço no governo e se demite".
- *Correio do Povo:* "Marina Silva se demite e irrita Lula".
- *Zero Hora:* "Lula tenta neutralizar saída de Marina Silva".

Na mídia internacional a repercussão não foi menor. No jornal britânico *Independent*, a renúncia da ministra foi descrita como um golpe para o futuro do planeta. Em seu editorial do dia 15 de maio, cujo título era "Salvem os pulmões de nosso planeta", o jornal destacou que, cinco anos antes, a ministra fora nomeada como o anjo da guarda da Amazônia, mas desde então vinha travando batalhas com fazendeiros e madeireiras. Também na Grã-Bretanha, o *The Guardian* publicou que o temor pelo futuro da maior floresta tropical do mundo aumentava depois da renúncia repentina da ministra.

Na França, o *Le Monde* destacou que a carta de demissão chegou ao presidente no mesmo instante em que a internet dava a notícia. O *El País*, da Espanha, disse que Lula dava as costas para a maior defensora da floresta amazônica, em favor de sua ministra desenvolvimentista, Dilma Rousseff. O *The New York Times* enfatizou a falta de apoio político para manter as conquistas na área ambiental e a *BBC* de Londres, na versão eletrônica, avisou: ferrenha defensora da floresta renuncia ao cargo.

No Brasil, os especialistas foram unânimes em afirmar que Marina saía maior do que entrara. Fábio Feldmann avaliou:

> A Marina aproveitou muito bem o momento para sair, afirmando a necessidade de compromissos mais efetivos do governo Lula de maneira geral, com os temas socioambientais e fundamentalmente com o desmatamento da Amazônia.

Frei Betto comenta:

> O Ministério do Meio Ambiente não existia até a Marina. Ela deu um perfil e pautou o ministério. Podem os ministros que a sucedem não levar adiante a agenda que ela estabeleceu, mas de qualquer maneira essa agenda marca o ministério. E qualquer tentativa de ir contra ou de ignorar essa agenda tem um ônus muito grande para o ministro e para o governo. Ela é o marco inaugural de um ministério que passou a ter, no bom sentido da palavra, poder político.

Sérgio Leitão, do Greenpeace, analisou:

> Depois de ter apanhado durante praticamente seis anos, conseguiu catalisar tudo numa saída espetacular, que deixou o governo pela primeira vez numa situação vexatória. E o Lula, que sempre foi a pessoa que expelia todos aqueles que lhe serviram de uma maneira muito hábil, tendo todos

esses saído em situação política ruim, pela primeira vez teve de enfrentar um fato em que ele aparecia como vilão da história.

Isso se vê pelo conjunto da obra. Nenhum outro teria condições de fazer o que ela fez porque nenhum outro tem a sua trajetória. Uma coisa é uma mulher nascida num seringal, no Acre, frágil, do ponto de vista físico, e que inspira reverência. Essas coisas inspiram as pessoas, criam uma aura em torno da figura.

Ela teve várias derrotas na causa ambiental, é verdade. Mas é preciso avaliá-las de maneiras diferentes. Pode-se dizer que qualquer outro teria perdido, mas não teria conseguido catalisar o interesse pelo assunto. Ela perdeu batalhas isoladas, mas ganhou no conjunto? Às vezes só no passar do tempo é que se verá. Do ponto de vista de colocar o assunto no topo da agenda, se reconhece que ela não perdeu. O que é rico em sua história é como ela conseguiu fazer virar uma situação tão difícil, de derrota, numa situação em que ela pessoalmente só cresceu. É como uma empresa em que as vendas caem, mas as ações ficam mais valorizadas.

Ricardo Young, ex-presidente do Instituto Ethos, analisa:

Ela mostrou que não venderia a alma. Continuou o caminho dela, agora noutro patamar. Se tenho alguma crítica nesse processo, foi ela ter levado muito longe a lealdade ao presidente Lula. [...] E talvez, sem intenção, Lula nunca tenha tido sua imagem pública tão fragilizada, política e internacionalmente, quanto nesse episódio. Talvez mais até que na crise do mensalão. Ali poderiam ter-se atribuído os problemas da crise a "ene" pessoas, "ene" fatores. Aqui, foi a principal figura, a irmã-espelho da jornada política dele dizendo: "Não, por esse caminho eu não vou mais". Dizem as pessoas mais próximas do presidente que ele ficou deprimido.

Capobianco revela:

A decisão de sair do governo foi estrategicamente colocada — não foi uma derrota que levou à saída, mas uma saída para evitar a derrota. Foi isso que surpreendeu o governo, o presidente e o que permitiu que a agenda continuasse. As coisas que precisavam ser terminadas estão sendo terminadas. Há várias coisas que o novo ministro soube dar encaminhamento de forma positiva. Certamente, se a Marina tivesse ficado isso não teria acontecido, porque se fechou no núcleo do governo uma visão antiambiental. Não era uma visão de dificultar o processo, mas totalmente antiambiental. Nada mais avançava. Com a saída da Marina, os debates foram reabertos.

O assessor da ex-ministra conta que desde aquele momento surgiu um movimento cuja intenção era debater a ideia do nome de Marina como eventual candidata a presidente da República.

> O futuro que nós estamos vendo da evolução do quadro climático, a importância do Brasil nesse cenário, o amadurecimento na sociedade de uma visão mais positiva com relação ao meio ambiente, isso tudo me levou a defender que a Marina saísse candidata. Ela achou uma loucura no início — mas lá atrás já havia começado uma discussão.

Nessa agenda estavam envolvidas lideranças do terceiro setor, como Oded Grajew e Ricardo Young, o economista José Eli da Veiga e os empresários Israel Klabin e Guilherme Leal, um dos donos da Natura.

Mas há os que acreditam que os avanços na área ambiental foram mínimos ao longo dos últimos anos, ao menos no que se refere à questão amazônica.

> O Brasil não tem estratégia para a Amazônia. Não há recursos para implantar o cadastro fundiário (só 4% das terras são registradas), monitorar o território, fiscalizá-lo e impedir o desmatamento ilegal: o Ministério do Meio Ambiente só tem cerca de 0,5% do Orçamento federal.
>
> Não há "transversalidade" na política federal, cada Ministério cuida de seus interesses específicos — enquanto isso, já há ali mais de 70 milhões de cabeças de gado e cerca de 20% do bioma foi desmatado para a expansão agropecuária e extração ilegal de madeira (mais de 150 mil quilômetros quadrados só de 2000 para cá).
>
> Reserva legal em cada propriedade é apenas ficção. Os gastos federais no bioma não passam de 4,05% do total, enquanto a população amazônica supera 12% da população brasileira. A região continua a ser receptora de mão de obra desempregada em outras partes.
>
> Continuam sem resposta as objeções de cientistas à Lei que permite concessão de terras públicas para "manejo" por empresas (países que entraram por esse caminho perderam suas florestas).[7]

De volta ao seu posto no Senado Federal, a ex-ministra foi convidada pelo jornal *Folha de S.Paulo* a ocupar, às segundas-feiras, o papel de articulista. Em seu artigo de estreia, ela escreveu:

> Boa parte do Estado ainda vê na política ambiental um mal necessário. Fala-se em compatibilizar desenvolvimento e meio ambiente, como se fossem adversários a serem conciliados. O Brasil não tem que compatibilizar, tem que buscar um crescimento econômico cuja concepção já contenha a conservação ambiental. Que não veja as áreas preservadas como partes "retiradas da produção" e, sim, como imprescindíveis à produção equilibrada e com alguma noção de bem público. Isso é possível? Se não for, para um país que ainda tem 60% do seu território com florestas, então é mesmo hora de aumentarmos, em legítima defesa, nosso estado de alerta.[8]

capítulo 23

do vermelho ao verde

Antes de ser convidada a ingressar no Partido Verde como pré-candidata à Presidência da República, em 2009, a intenção de Marina era não se candidatar à reeleição para o Senado. O segundo mandato da senadora termina em 31 de janeiro de 2011.

Sentia-se cansada e estudava convites para trabalhar na sociedade civil, possivelmente em ONGs ecológicas. Foi o que ocorreu quando, pensando encerrar a carreira política, saiu candidata pela primeira vez ao Senado, sem nenhuma chance de ser eleita. Na ocasião, queria parar e refletir, voltar a dar aula, escolher um novo caminho.

Marina costuma dizer que "política não é uma profissão". É um espaço de realização, de contribuição, que ela encara como um serviço. *Minha profissão é ser professora. Não tenho o desejo de me repetir por me repetir*, ela afirma. Seu desejo era colaborar efetivamente com o país e com a Amazônia. Sua grande causa é promover uma transformação no modelo de desenvolvimento que precisa, a seu ver, ser antecedida por uma mudança de mentalidade. *Isso não é uma pessoa que faz, é um processo. É uma militância quase civilizatória.*

O convite do PV deixou-a atordoada por um tempo. Antes de aceitar, consultou amigos e parentes. Pediu orações na igreja e a seu grupo próximo de pastores. O que estava em jogo era inestimável.

Eu me sentia feito Jonas, apegado à minha aboboeira, compara a senadora, referindo-se à passagem bíblica sobre o "profeta resmungão", que precisou levar um puxão de orelha de Deus até ser convencido a cumprir uma difícil missão.

Mas não foi só ela que parou para refletir e estudar a nova proposta. Guilherme Leal, convidado a compor a chapa de Marina como candidato a vice-presidente pelo PV, demorou a decidir se entraria ativamente na linha de frente da campanha à Presidência. Um dos homens mais ricos do Brasil, Leal nunca se havia filiado a nenhum partido, até ser convidado pela senadora a assumir um papel de protagonista.

> A Marina simboliza essa proposta de renovação, de modernidade, que integra a raiz, o conhecimento tradicional e a ciência, com uma visão moderna e transcendente. Ela vem do seringal, da floresta, do coração simbólico do Brasil, do planeta e transcende. Sua curiosidade, sua avidez pelo conhecimento, seu respeito ao diverso, ao outro, seu saber ouvir e integrar o hoje e o futuro, o material e o espiritual são contagiantes. Ela é uma liderança inspirada e inspiradora.

Essa visão moderna que Marina tem de mundo é bastante conhecida, mas a grande dúvida talvez seja se ela reúne condições políticas e competência de implantar essa visão. Sobre isso Leal é taxativo:

> Quem não tiver essa dúvida sobre a própria capacidade de implementar planos será muito arrogante. Juscelino tinha dúvidas se conseguiria construir Brasília, assim como Lula e FHC tinham dúvidas se conseguiriam implementar as reformas econômicas e os avanços sociais. Ninguém chega a um governo com uma equipe, um plano pronto para ser executado, ainda mais quando são necessárias mudanças profundas em como se pensa política e governo; quando se busca nova transparência e sentido de servir no exercício do poder. As circunstâncias políticas é que formam um governo capaz de levar a cabo um bom programa, uma boa proposta. Visão sólida e liderança, capacidade de montar um grupo, de dialogar e mediar democraticamente os interesses da sociedade é que conferem as condições de fazer um bom governo. Tenho certeza de que isso a Marina tem de sobra.

Para celebrar o Dia da Amazônia, o Partido Verde organizou uma tarde de filiação em Rio Branco, convocando a Executiva Nacional e alguns palestrantes ilustres. A cerimônia seria encerrada com um pronunciamento de Marina

Silva, o primeiro em seu Estado natal já como afiliada ao PV. Era 5 de setembro de 2009.

Antônio Nobre, cientista do Instituto Nacional de Pesquisas Espaciais, mostrou, numa projeção, a imensidão do macro e do microcosmo. Ensinou que dentro de uma célula existe um universo tão vasto e complexo quanto a ordem planetária do sistema solar. Ao mostrar a foto de uma borboleta Morpho, de cor azul-petróleo, explicou que sua extraordinária coloração iridescente era projetada por refinadíssima tecnologia, que envolvia o uso de cristais fotônicos e amplificadores ópticos. A superfície da asa da borboleta é, na verdade, incolor.

A descoberta vale bilhões de dólares e constitui uma das conquistas da chamada biomimética, novo ramo da ciência que desenvolve soluções tecnológicas com base na observação dos mecanismos da natureza.

"A tecnologia proveniente de um inseto chegou a esse resultado. Imagine, então, que há 6.500 espécies de árvores na Amazônia e, na copa de cada árvore, 10.000 tipos de insetos", observou o cientista a uma plateia extasiada.

Nobre mostrou estudos recentes que descrevem os chamados rios voadores. São correntes invisíveis que correm sobre os céus amazônicos, lançando nada menos de vinte bilhões de toneladas de água por dia na atmosfera. É uma dança oceânica, em forma de vapor, maior que o maior rio de toda a Terra. O rio Amazonas joga 17 bilhões de toneladas de água todos os dias no Atlântico.

> Está se descobrindo que a floresta é dez vezes mais importante do que se imaginava. Nas regiões com floresta, a chuva continua igual por quinhentos, dois mil quilômetros; nas regiões onde ela foi tirada, no interior do continente, agora é deserto.
>
> A floresta é um refrigerador poderosíssimo. Um excelente aliado no combate ao aquecimento global. Possui uma inteligência coletiva. Temos ali um tesouro de valor inestimável.

Convidado a fazer um balanço da chamada "florestania" — um conceito surgido no Acre que incorpora preocupações ambientais à ideia de cidadania —, o ambientalista Toinho Alves mostrou-se desanimado: "No caminho para o desenvolvimento sustentável, nossa sociedade insustentável percorreu, se muito, 5%. Declaro-me totalmente insatisfeito quanto aos resultados obtidos".

Amigo de Marina Silva, Toinho contou que já tinha desistido dessa batalha inglória quando surgiu a notícia da candidatura de Marina ao PV. "Confiando em sua poderosa intuição, decidi retomar essa conversa de florestania". Petista histórico, afirmou que ajudaria, com ideias, na reformulação do programa do PV. Mas avisou que entrava no processo já escaldado e menos crédulo.

> Antes de falar em desenvolvimento sustentável, precisamos nos perguntar se nossa própria vida é sustentável. Vejam aqui um exemplo. Quantas toneladas de carbono estamos produzindo, neste evento, apenas para criar essa bolha de bem-estar com o ar-condicionado?

No encerramento da cerimônia, Marina Silva fez um breve discurso, em que sublinhou a urgência com que encara os problemas socioambientais e sua visão de integração.

> Se não fizermos algo agora, com toda força, com o envolvimento necessário de todos os partidos, dos políticos, das empresas, da sociedade, das pessoas que lidam com a espiritualidade, dos artistas, dos formadores de opinião, se não fizermos, até 2020, parte do dever de casa, vamos chegar a 2050 com temperaturas ultrapassando o crescimento de dois graus. Já com o planeta definhando. [...]
>
> Estamos sendo avisados desde o final da década de 70, e as pessoas continuam fazendo as mesmas coisas. Será que é possível ter resultados diferentes fazendo as coisas que sempre fizemos? Vamos ter de mudar de atitude.
>
> O que está sendo predito, como o professor Nobre falou, é dez vezes pior do que se divulga. Participei de muitos painéis de negociação, da Convenção do Clima, da Convenção da Biodiversidade, de muitos outros processos internacionais no âmbito das Nações Unidas e tudo o que é reportado é muito catastrófico. Participei de um seminário na França, com o professor Edgard Morin, onde fiquei mil vezes mais assustada com o relato, porque é mil vezes pior.
>
> A sociedade está sensibilizada para o assunto, mas infelizmente a política não acompanha esse debate. Os partidos não integraram isso ao seu

conteúdo programático. E o Partido Verde, que tem uma trajetória de origem europeia, há mais tempo defende o movimento no Brasil. Não se trata mais de defender o lúdico — embora seja fundamental a defesa do lúdico. É defender o lúdico juntamente com todas as outras dimensões — a econômica, a social, a cultural, para que possamos preservar as condições que promovem a vida na Terra.

Mas, se não mudarmos nossa maneira de ser, não haverá como mudar nossa maneira de fazer. Questionamos nossa forma inadequada de fazer as coisas, as nossas tecnologias inadequadas, mas o que temos de questionar é nossa forma inadequada de ser.

Por que temos uma forma inadequada de ser? Infelizmente, o ser humano tem muita dificuldade de lidar com algumas coisas: uma delas são as regras. E é impossível superar algumas coisas sem seguir as regras. Olhem o que está acontecendo no Congresso brasileiro. [...] São vinte anos de legislação ambiental que o Congresso se dispõe a descontruir. É uma mentalidade atrasada. [...]

Esta não é uma questão que possa ser monopolizada por um partido ou por um segmento, tem de ser por todas as pessoas. Também não pode ser uma cultura messiânica, com um herói que vai fazer tudo pelas pessoas. Tem de ser com todos, com os jovens, com as mulheres, com os cidadãos de um modo geral.

Se todos já estivessem convencidos, não seria preciso tanto esforço. Então vamos lá. Vamos tentar convencê-los no processo. [...]

As pessoas podem ser convencidas. As pessoas me perguntam — será que isso não é quixotesco, senadora? Pode até ser. Mas eu acredito que o meio ambiente é o espaço onde a gente pode fazer as coisas a favor.

As pessoas dizem, mas vai ser monotemática. Será? Será que quando eu falo de sustentabilidade não estou falando também de energia, agricultura, pecuária, industrialização, saúde, educação, inovação tecnológica e conhecimento? Estamos falando de tudo isso. É que as pessoas aprenderam a ter uma visão dicotomizada das coisas. Mas os processos devem ser integrados. [...] São trinta anos de luta socioambiental no Brasil e eu acredito estar dando os primeiros passos. [...]

Recebi um telefonema de Leonardo Boff e ele me disse uma coisa que muito me tocou. Ele disse: "Marina, as greves no ABC teriam sido apenas greves se não tivesse tido uma pessoa que desse expressão ao movimento, até ajudar a promover as mudanças que tivemos neste país no que concerne

> à democracia, as questões sociais, o direito trabalhista e tantas coisas que conquistamos. A luta socioambiental pode ser apenas o esforço de alguns governos, de algumas ONGs, de formadores de opinião, de comunidades, de empresas, se não tiver a capacidade de se integrar a um movimento semelhante para promover uma mudança transformadora. Eu acho", disse ele, "que o Brasil está caminhando nesta direção". [...] E acrescentou, citando Victor Hugo: "Não há nada mais poderoso do que uma ideia cujo tempo chegou".
>
> Muitas pessoas me perguntaram: você não tem medo? Obviamente que tenho medo. Mas o medo não é suficiente para me acovardar. Aliás, a coragem não é a ausência do medo. A coragem é a capacidade de enfrentar e fazer o que é necessário, sobretudo diante de uma situação em que você não precisa destruir as coisas boas conquistadas, você só precisa conquistar aquilo que não está sendo valorizado.

Alguns meses mais tarde, ao falar sobre um futuro não distante, a senadora afirmou:

Quero me ver como parte de um esforço no Brasil e no mundo que está conseguindo mudar o atual modelo de desenvolvimento. Não sei o tamanho que vou ter nesse esforço, não estou preocupada com meu tamanho ou importância. Mas sei que quero fazer parte e quero que existam essas pessoas e essas instituições, as tecnologias, o conhecimento e, principalmente, o comprometimento político e ético para dar continuidade e viabilizar essa mudança.

Daqui a dez anos, quero que aquilo que hoje as pessoas dizem que é samba de uma nota só tenha se transformado em uma sinfonia. Uma sinfonia da qual participem governo, empresas, formadores de opinião, acadêmicos, as pessoas de um modo geral. Da mesma forma que a gente integrou a necessidade de ter um sistema de saúde e de educação, que a questão ambiental também seja internalizada. O cuidado com as bases naturais do desenvolvimento, para que ele possa ser duradouro, melhore a vida das gerações presentes, sem comprometer o futuro daqueles que ainda não nasceram.

Antes, a gente sabia o período em que ia chover e quando ia parar, onde tinha furacão e onde não tinha, agora não sabemos mais. Que a gente possa de alguma forma parar de comprometer a capacidade de regeneração do planeta.

Quero ver isso sendo traduzido e operado na economia, na ciência, na produção, no consumo, nas relações dos homens uns com os outros e com a natureza. Isso integra um novo paradigma civilizatório.

Questionada sobre em que outra posição se veria propagando essa mensagem, caso não seja eleita, sua resposta foi objetiva:

Não consigo me programar para um futuro político, não faço esses cálculos. Fui ser candidata a deputada federal porque achava que tinha uma contribuição a dar com o olhar da Amazônia e para ajudar a eleger Chico Mendes, para que ele não fosse assassinado. Depois me elegi vereadora com o objetivo de ser a porta-voz do que então era o PT, um partido sem expressão, que não tinha deputado, não tinha nada. Também não me programei para ser deputada estadual. Quando me elegi, me disseram: faça um bom mandato de estadual que poderemos assim fazer o deputado federal na próxima eleição. Não deu certo, porque eu adoeci, não tinha dinheiro nem saúde para aquele projeto.

Quando me programei, na verdade, foi para sair da política e voltar para a sociedade civil, para trabalhar como professora e apoiar o Movimento Brasil Sustentável.

Neste momento, a única coisa que eu sei é que estou neste projeto de corpo e alma. Sem nenhuma pretensão de ser porta-voz da verdade. Neste momento estou imbuída desse projeto. É uma luta de Davi contra Golias? É. Mas não vou vestir a armadura de Saul nesta batalha.

Lançando mão de uma analogia bíblica, a senadora se referia à luta — para a qual é instado a usar uma pesada armadura de ferro — que o jovem hebreu e pastor de ovelhas enfrentaria com um gigante blasfemo e aterrorizador. Inquirida sobre o que representaria, em sua analogia, a armadura de Saul, ela responde:

É esse mesmo discurso tóxico de disputa entre PT e PSDB, agredindo-se mutuamente, sem conseguir ver mérito em nada um no outro; é a política velha, de ter de destruir o outro, ter de desqualificá-lo. É ter de mudar o discurso para conseguir alianças e se aformatar a um programa incoerente para poder ter um pouquinho mais de tempo de televisão. Isso é a armadura de Saul. Outro caminho é possível. Outra arma, como Davi usou. É possível fazer aliança com os núcleos vivos da sociedade, compostos por trabalhadores, empresários, jovens, mulheres etc. O mundo da academia, as mulheres, os jovens, pessoas comprometidas com esse projeto.

Talvez a forma de descristalizar a arrogância do poder em que se transformou a máquina partidária seria a sociedade assumir a dianteira. Falo de armadura de Saul porque em vez de ajudar, ela engessa. Davi era pequenininho, magrinho. Se usasse aquela vestimenta não seria capaz sequer de andar. Essa estrutura toda que está aí eu nem saberia manejar e nem quero manejar.

Diante desse arsenal gigantesco de poder, de capacidade de conservar o poder, mas sem capacidade de transformação, quero que as pessoas contribuam com a visão de projeto e de país, e que os que contribuam estejam comprometidos com essa transformação. Então, esta é minha funda, diante desse arsenal de gigantes.

Foi a última entrevista da senadora para o livro.

posfácio

Tinha diante de mim uma tarefa grandiosa: olhar para trás, para os últimos 14 meses, e tentar sintetizar em palavras as mensagens recebidas, o rosto das pessoas, sua fala, as lições aprendidas nesse mergulho na história de alguém que está fazendo história. Uma mulher que parece acreditar que o mundo pode voltar a ser um jardim.

Muitas passagens e frases ecoavam-me na mente. Esse contato com um pedaço da história de meu país, que eu desconhecia, foi muito enriquecedor. Talvez poucos de nós conheçamos bem a história do Acre. Seus personagens, seu passado.

O sorriso de Marina veio-me, forte, à lembrança. Deixou-se emocionar pelas recordações, falou sem censura, sem aparentar fastio, mesmo tendo respondido àquelas mesmas indagações tantas outras vezes.

Vieram-me à memória então outros encontros e conversas: o jeito matreiro de seu Pedro; a singeleza de Deuzimar; a fina ironia de Eudes, meu guia pelas estradas do Acre; as engraçadas histórias do rádio. Lembrei-me da culinária peculiar, da lua no céu de Rio Branco, das caminhadas noturnas ao lado de modernas ciclovias construídas numa capital pouco conhecida dos brasileiros. Das inquietações de Jorge Viana, da ansiedade quase juvenil do governador Binho Marques. Lembrei-me de ter entendido ali, entre aqueles ex-militantes comunistas, o significado real das palavras idealismo e utopia.

> Utopia [...] está en el horizonte. Me acerco dos pasos, ella se aleja dos pasos. Camino diez pasos y el horizonte se corre diez pasos más allá. Por mucho que yo camine, nunca la alcanzaré. Para que sirve la utopia? Para eso sirve: para caminar.[1]

Também recordei algumas frases. A prece da avó Júlia pela neta amada: "Dê a ela, Senhor, inteligência para o bem". A imagem da mãe, Augusta, construindo com as mãos uma cama para tentar convencer a filha a não sair de casa; ou o tio xamã voltando da incursão de 40 dias pelas matas: "Onde o senhor dormia?". "Lá no oco do pau, com as onças". A declaração de Victor Hugo, pela voz de Leonardo Boff: "Nada é mais poderoso do que uma ideia cujo tempo chegou".

Não só imagens retornaram, mas sensações como as proporcionadas pela caminhada até a margem direita do rio Acre, para encontrar o Parque Capitão Ciríaco. Ali o governo preservou uma floresta de centenas de seringueiras nativas, e há demonstrações, *in loco*, de como extrair o látex e como fazer a defumação da borracha. Lembrei-me da sensação de conforto ao entrar naquele bosque, o frescor do vento lambendo a fina camada de suor que se formara em minha pele.

Era como se fizesse o caminho inverso de Marina naquela tarde de setembro, 1975: ela deixando o ambiente íntimo da floresta para desbravar um mundo árido e desconhecido; eu, saindo daquele inferno solar para penetrar no refrigério da mata. "Que diferença faz um parque numa cidade como essa", refleti, naquela manhã de despedida.

Pensei como tudo já fora noticiado. Comprovado cientificamente, apesar do levante dos céticos do clima. Nossa "nave" caminha, sim, em via rápida para a assolação e o luto. Num planeta em xeque-mate, onde a população consome em média 25% mais do que se pode naturalmente repor, o que ainda é necessário para que esta mensagem seja ouvida? A maioria dos cientistas especializados acredita que o mundo caminha em via rápida para a devastação e a dor. Mesmo assim, ainda não conseguimos ouvir o recado que chega "na asa do vento". Serão necessárias muitas outras vozes para nos ajudar a ver e a ouvir tudo aquilo que ainda nos escapa.

Haverá uma razão físico-química para tal entorpecimento? O ex-vice-presidente americano Al Gore arrisca uma explicação:

> [...] há enormes evidências de que as sociedades modernas geram rotineiramente índices muitos mais altos de estresse do que os que eram comuns nos séculos anteriores. Uma grande fonte dos novos e extraordinariamente

> altos níveis de estresse é o ambiente de informações no qual a maioria de nós vive. Graças à evolução da cultura moderna e à onipresente mídia eletrônica, que nos servem um cardápio constante de distrações, podemos perder a capacidade de manter uma força de vontade coletiva que vinha se mantendo firme há décadas, justamente quando mais precisamos dela.[2]

Tantas distrações tapam-nos os ouvidos e afetam-nos a percepção de longo prazo. Algum veneno mortal embotou-nos os sentidos e, como o "povo do céu" do filme *Avatar*, impede-nos de enxergar. O veneno do egoísmo subtraiu-nos a alteridade.

Somos incapazes de ouvir profecias da boca de gente simples, do caboclo — gente "ignorante". Do seringueiro, do índio, do mateiro, do xamã, do ribeirinho que amanhã mesmo perderá a sua casa numa inundação promovida pelo progresso. Da seringueira de voz estridente e mansa, do Chico, do seu Pedro, da Deuzimar. Vozes discretas, sussurrando verdades, como quem reza.

notas

Introdução

[1] Leia a íntegra do artigo em <http://www.ecodebate.com.br/2009/08/31/marina-silva-um-novo-olhar-sobre-o-brasil-artigo-de-leonardo-boff>.

capítulo 1

[1] "Marina Silva — Um avião quase parado no céu", Revista s/nº, vol. 12, de 22 de jul. de 2009.

capítulo 2

[1] Leandro TOCANTINS, *Formação histórica do Acre*, Rio de Janeiro: Civilização Brasileira, 1979, p. 6.

[2] Warren DEAN, *A luta pela borracha no Brasil*, São Paulo: Nobel, 1989.

[3] O município de Boca do Acre, no estado do Amazonas, é assim denominado por localizar-se na foz (boca) do rio Acre. (N. do E.)

[4] Capacete com um pequeno lampião acoplado que os seringueiros usam para enxergar durante o trabalho, na madrugada.

[5] Caminhos abertos na mata. (N. do E.)

capítulo 4

[1] Dimas KÜNSCH, *Fé e política: Marina Silva*, São Paulo: Salesiana, 2001, p. 49.

[2] Filiado ao partido Arena (Aliança Renovadora Nacional), governou o Estado do Acre de 1971 a 1975.

[3] Corrente teológica que abrange diversas teologias cristãs desenvolvidas no Terceiro Mundo ou nas periferias pobres do Primeiro Mundo a partir dos anos 1970. Desenvolvida inicialmente na América Latina, baseia-se na opção pelos pobres, contra a pobreza e por sua libertação. Leia mais sobre Teologia da Libertação em <http://pt.wikipedia.org/wiki/Teologia_da_liberta%C3%A7%C3%A3o>. (N. do E.)

4 Leia a íntegra da entrevista em: <http://www.neomondo.org.br/index.php?option=com_content&view=article&id=255:o-arcebispo-verde&catid=55: perfil&Itemid=58>.

5 Veja o evangelho de Mateus 25:35-40.

6 Frei Betto, *A mosca azul*, Rio de Janeiro: Rocco, 2006, p. 54.

7 Idem, p. 50.

capítulo 6

1 Dados extraídos de entrevista concedida por Chico Mendes no 3º Congresso Nacional da CUT (Central Única dos Trabalhadores), em 9 de set. de 1988. Leia a íntegra em: <http://cidplan.blogspot.com/2009/08/chico-mendes-do-site-da-senadora-marina.html>.

2 Organização política clandestina, o PRC atuou de 1980 a 1989, fruto de uma cisão do PCdoB (Partido Comunista do Brasil). O PRC participou da fundação do Partido dos Trabalhadores (PT), junto à Ala Vermelha. Suas principais lideranças foram José Genoíno, que se tornou presidente do PT, e Tarso Genro. Hoje funciona como tendência interna do PT, com o nome de Democracia Radical (DR), que, por sua vez, é fruto da fusão com outra tendência interna do Partido dos Trabalhadores: a Tendência Marxista. Veja <http://pt.wikipedia.org/wiki/Partido_Revolucion%C3%A1rio_Comunista>. (N. do E.)

3 Augusto Pinto Boal (1931-2009) foi diretor de teatro, dramaturgo e ensaísta brasileiro, uma das grandes figuras do teatro contemporâneo internacional. Fundador do Teatro do Oprimido, que alia o teatro à ação social, suas técnicas e práticas difundiram-se pelo mundo, notadamente nas três últimas décadas do século XX, sendo largamente empregadas não só por aqueles que entendem o teatro como instrumento de emancipação política, mas também nas áreas de educação, saúde mental e no sistema prisional. Veja <http://pt.wikipedia.org/wiki/Augusto_Boal>. (N. do E.)

4 Eugen Berthold Friedrich Brecht (1898-1956) é um dos autores alemães mais importantes do século XX, especialmente na dramaturgia e poesia. De formação marxista, Brecht dava grande importância à dimensão pedagógica de suas obras teatrais. Opunha-se à passividade do espectador e, por isso, desejava formar e estimular o pensamento crítico do público. (N. do E.)

capítulo 8

1 Entrevista de Chico Mendes concedida durante o 3º Congresso Nacional da CUT, em 9 de set. de 1988. Leia a íntegra em <http://cidplan.blogspot.com/2009/08/chico-mendes-do-site-da-senadora-marina.html>.

2 Matéria publicada no portal do governo do Acre por ocasião dos 15 anos da morte de Chico Mendes. Leia a íntegra em <http://www.ac.gov.br/index.php?option=com_content&task=view&id=946&Itemid=116>.

capítulo 9

[1] Elie Wiesel, *Rashi, a portrait,* New York: Schocken Books, 2009, p. 4.

capítulo 10

[1] Zuenir Ventura, *Chico Mendes, crime e castigo*, São Paulo: Companhia das Letras, 2004, p. 15.

[2] Veja <http://www.marinasilvapresidente.org/page/sobre-marina>.

[3] Idem.

[4] Entrevista à Agência Brasil, publicada em 22 de dez. de 2008, 9h46.

[5] Idem.

[6] Idem.

capítulo 15

[1] Em 1992, a rainha Elisabeth II, da Inglaterra, tornou famosa a expressão *Annus Horribilis* num pronunciamento de fim de ano, em Guildhall, depois de ter enfrentado diversos desgastes e escândalos familiares. Ela disse: "*1992 is not a year on which I shall look back with undiluted pleasure. In the words of one of my more sympathetic correspondents, it has turned out to be an Annus Horribilis.*" (1992 não é um ano do qual devo lembrar-me com prazer. Nas palavras de um de meus mais caros assessores, acabou sendo um *Annus Horribilis*.)

capítulo 17

[1] Leia a íntegra do pronunciamento em: <http://www.senado.gov.br/sf/atividade/pronunciamento/detTexto.asp?t=163684>.

capítulo 19

[1] Daniela Pinheiro, "A verde", Piauí, jan. de 2010, p. 23.

[2] Evangelho de João 17:21,23.

[3] Epístola aos Gálatas 3:27-28.

[4] O artigo baseia-se na palestra "Pluralismo, Multiculturalismo e Universalismo — Diferenças e Aproximações", proferida pelo psicanalista Contardo Calligaris, em novembro de 2003, chamado 'Seminário Cultura e Intolerância", no SESC Vila Mariana, em São Paulo. O trecho que trata do cristianismo diz o seguinte: "Quando digo individualismo [...] não há conotação moral, não estou falando de individualismo no sentido que usamos normalmente, como sinônimo de egoísmo, nada disso. Individualismo significa, do ponto de vista da antropologia, qualquer cultura onde o indivíduo tem um valor superior ao grupo.

"A implicação entre universalismo e individualismo irá aparecer ainda mais claramente se considerarmos que o primeiro passo indispensável para que a modernidade acontecesse, para que nos tornássemos universalistas, ou seja, para que tivéssemos essa sensação de pertencermos à espécie humana, foi, evidentemente, o cristianismo. Porque, contrariamente aos outros deuses e ao Deus da Bíblia, o Deus do Novo Testamento, o Cristo, é um deus que se apresenta como sendo de todos ou para todos, porque ele interpela os homens um a um. Ele não é o Deus de um povo. Como Cristo interpela os apóstolos no Novo Testamento? 'Deixe a tua família, deixe tudo o que tu tens, deixe o teu trabalho e venha comigo'. É uma interpelação feita diretamente a um indivíduo. E, de fato, se nos contarmos um a um, a espécie se torna uma 'comunidade' possível. A sensação de pertencer à espécie se torna possível, há uma imediata ampliação do campo da empatia. Claro, numa comunidade que talvez seja um pouco 'capenga', pois é a comunidade daqueles que colocam os indivíduos como valor acima de qualquer comunidade. Mas a sensação de pertencer à espécie, prioritariamente, vem disto: do fato de que nos contamos um a um. De que o indivíduo é para nós um valor, e um valor supremo. Foram necessários uns dezesseis, dezessete séculos para que essa invenção individualista que começa com o cristianismo desse os seus frutos políticos e sociais."

5 Livro de Salmos 19:1-5 diz assim: "Os céus proclamam a glória de Deus, e o firmamento anuncia as obras das suas mãos. Um dia discursa a outro dia, e uma noite revela conhecimento a outra noite. Não há linguagem, nem há palavras, e deles não se ouve nenhum som. No entanto, por toda a terra se faz ouvir a sua voz e as suas palavras, até os confins do mundo. Aí, pôs uma tenda para o sol, o qual, como noivo que sai dos seus aposentos, se regozija como herói, a percorrer o seu caminho".

6 Veja <http://www.pco.org.br/conoticias/ler_materia.php?mat=16251>.

7 "Marina imaculada", revista *Veja*, entrevista publicada na edição de 9 de set. de 2009.

8 Idem.

capítulo 20

1 "O besouro é nosso", *Folha de S.Paulo*, 27 de jul. de 2009, p. 2.

2 Leia íntegra da entrevista, realizada em 8 de abr. de 2009, em <http://noticias.terra.com.br/brasil/interna/0,,OI3691823-EI7896,00.html>.

3 Veja a íntegra em <http://www.senado.gov.br/sf/atividade/pronunciamento/Detalhes.asp?d=311556>.

4 Veja em <http://www.senado.gov.br/sf/atividade/pronunciamento/Detalhes.asp?d=311252>.

5 Texto do Projeto de Lei do Senado, n. 216, de 1999.

capítulo 21

1 Veja <http://www1.folha.uol.com.br/folha/especial/2002/governolula/repercussao_internacional.shtml>.

[2] Leia a íntegra em <http://www1.folha.uol.com.br/folha/brasil/ult96u44275.shtml>.

[3] Veja <http://www.brasiloeste.com.br/noticia/349/>.

[4] Idem.

capítulo 22

[1] Veja <http://www.noticiasdaamazonia.com.br/2379-marina-silva-sergio-abranches/>, 14 de mai. de 2008.

[2] "Mal no teste", 24 de set. de 2007, <http://www.oeco.com.br/sergio-abranches/35-sergio-abranches/16575-oeco_24205>.

[3] "'Desmatar é remédio para crise da comida', diz Maggi", *Folha de S.Paulo*, 25 de abr. de 2008.Veja íntegra em <http://www1.folha.uol.com.br/fsp/ciencia/fe2504200801.htm>.

[4] Miriam Leitão, "O abate e o fogo", 15 de mai. de 2008, Panorama Econômico, *O Globo*. Íntegra em <http://oglobo.globo.com/economia/miriam/post.asp?t=o_abate_o_fogo&cod_Post=102708&a=73>.

[5] Idem.

[6] Idem.

[7] Washington Novaes, "A internacionalização da Amazônia já está acontecendo", Brasília, jan. de 2009. Leia a íntegra em <http://www.ecolnews.com.br/internacionalizacao_da_amazonia_ja_comecou.htm>.

[8] Marina Silva, "Em legítima defesa", *Folha de S.Paulo*, 9 de jun. de 2008, p. 2.

posfácio

[1] "A utopia está lá no horizonte. Aproximo-me dois passos, ela se afasta dois passos. Caminho dez passos, e o horizonte anda dez passos. Por mais que eu caminhe, jamais a alcançarei. Para que serve a utopia? Serve para isto: para caminhar." Eduardo Galeano, *Las palabras andantes*, Siglo XXI, 1994, p. 310.

[2] Al Gore, *Nossa escolha — Um plano para solucionar a crise climática*, São Paulo: Manole, 2009, p. 310.

principais prêmios e homenagens

Nacionais

Prêmio Chico Mendes, concedido pelo Ministério do Meio Ambiente, Brasília/DF, 2002.

Ordem do Mérito Naval, condecoração no grau de Grande Oficial, Ministério da Defesa, Brasília/DF, 2003.

Troféu Mulher 2003, Academia Internacional de Cultura, Brasília/DF.

Diploma de Grão-Cruz da Ordem de Rio Branco, Ministério das Relações Exteriores, Brasília/DF, 2003.

Prêmio PNBE — Pensamento Nacional das Bases Empresariais, categoria "O ambientalista que queremos", São Paulo/SP, 2003.

Ordem do Mérito Militar, concedida pelo Comando Militar do Exército, Ministério da Defesa. A mais elevada distinção honorífica do Exército Brasileiro. Brasília/DF, 2004.

As mulheres mais influentes do Brasil 2004, categoria Políticas Públicas, concedido pela Forbes Brasil 2004, fevereiro/2005.

As mulheres mais influentes do Brasil 2004, categoria Ecologia, concedido pela Forbes Brasil 2004, fevereiro/2005.

Mulheres Mais Influentes Forbes Brasil, categoria Destaque Nacional, São Paulo/SP, 2006.

Título Mulheres Guerreiras 2007, oferecido pelo Ministério da Previdência Social e Ministério do trabalho e Emprego. Homenagem às mulheres guerreiras, em comemoração ao Dia Internacional da Mulher, Brasília/DF, 2007.

Internacionais

Escolhida pela revista norte-americana *Time* entre os *Jovens de Futuro no Mundo*, Nova York/EUA, 1995.

Prêmio Goldman do Meio Ambiente, como representante das Américas do Sul e Central, San Francisco/EUA, 1996.

Homenagem a *25 Mulheres em Ação no Mundo pela Vida da Terra*, Programa das Nações Unidas para o Meio Ambiente (PNUMA), Nova York/EUA, 1997.

Mulher do Ano, Revista MS, Estados Unidos, 1997.

Chave da Capital do Estado do Texas, Austin/EUA, 2000.

Medalha de Reconhecimento como Hóspede Ilustre da "Ciudad de Iquitos", por su investidura en los compromisos destinados a solución de los problemas ambientales del país que conduzcan hacia el desarrollo sostenible, con prioridad en nuestra Amazonia, como cuenca de suma importancia geográfica, biológica y cultural para el mundo, en el marco del VI Ecodiálogo Nacional y del I Ecoldiálogo Amazónico. Iquitos/Peru, 2006.

Prêmio *2007 Champions of the Earth,* for outstanding achievements in the field of the Environment, United Nations Environment Programme (UNEP), Nairobi/Kenya, 2006.

World Rainforest Award, concedido pela Rainforest Action Network (RAN), como reconhecimento por seu trabalho e compromisso para proteger a floresta tropical, São Francisco/EUA, 2008.

The Duke of Edinburgh Conservation Medal, Presidenta emérita do WWF International, por sua notável liderança na criação do Programa de Áreas Protegidas da Amazônia Regional, um dos mais ambiciosos esforços pela conservação já empreendidos, e por seu incansável empenho e compromisso pela Amazônia e seus habitantes, Londres/Inglaterra, 2008.

XIV Premio N'Áitun 2009, criado em 1996 por Artistas Pro-Ecología e destinado anualmente a pessoas e instituições de destaque em defesa do meio ambiente. Corporación Cultural Artistas Pro-Ecología, Fundación Pablo Neruda, Islã Negra/Chile, 2009.

Prêmio Sofia 2009, concedido anualmente pela Sophie Foundation a pessoas e organizações que se destacam nas áreas ambientais e do desenvolvimento sustentável, Oslo/Noruega, 2009.

Climate Change Award, concedido pela Fundação Príncipe Albert II de Mônaco, em reconhecimento a sua contribuição para projetos na área do meio ambiente, ações e iniciativas conduzidas sob a ótica do desenvolvimento sustentável, Mônaco, 2009.

Premio al Desarrollo Sostenible 2003, Fundación Ecología y Desarrollo, Barcelona/Espanha, 2003.

Fonte: *www.senado.gov.br*

Marina (em pé, à direita), aos 13 anos, no Seringal Bagaço

Aos 17 anos, 1975

Aos 23 anos, 1981

Formatura em História, 1984

Marina com
Chico Mendes
(mais ao fundo)
e Gregório

Marina e Chico Mendes, cartaz de campanha

9º Encontro do PT, 1994: com Tião Viana e Aluísio Mercadante

Marina, 1994

Marina recebendo cumprimentos do Vice-presidente Al Gore, no Prêmio Goldman do Meio Ambiente, Estados Unidos, 1996

Na militância, 1998, Rio Branco, AC

Com o pai, Pedro, na campanha para o Senado, 2002

Campanha para o Senado, 2002

Marina no anúncio dos ministros do governo Lula, 2003

Posse como Ministra do Ministério do Meio Ambiente, 2003

Marina na seringueira, Jardim Botânico, RJ, 2007

Marina recebe o *Prêmio Climate Change Award*, do Príncipe Albert II, em Mônaco, 2009

Marina discursa em Oslo, Noruega, ao receber o Prêmio Sofia, 2009

Fábio (marido), Moara, Marina, Mayara, Shalon e Danilo (filhos)

Marina com filhos: Danilo, Moara, Mayara e Shalon

Foto: Bob Wolfenson

Marina, 2010

Compartilhe suas impressões de leitura escrevendo para:
opiniao-do-leitor@mundocristao.com.br
Acesse nosso blog: www.mundocristao.com.br/blog

Diagramação: Triall Composição Editorial Ltda.
Fonte: Bembo
Gráfica: Geográfica
Papel: Pólen Soft 70 g/m² (miolo)
Cartão 250 g/m² (capa)